法律法规大字实用版系列

中华人民共和国刑事诉讼法

·大字实用版·

法律出版社法规中心 编

图书在版编目(CIP)数据

中华人民共和国刑事诉讼法：大字实用版／法律出版社法规中心编. -- 北京：法律出版社，2023
（法律法规大字实用版系列）
ISBN 978-7-5197-7858-3

Ⅰ.①中… Ⅱ.①法… Ⅲ.①中华人民共和国刑事诉讼法 Ⅳ.①D925.2

中国国家版本馆 CIP 数据核字（2023）第 069158 号

中华人民共和国刑事诉讼法（大字实用版） ZHONGHUA RENMIN GONGHEGUO XINGSHI SUSONGFA (DAZI SHIYONGBAN)	法律出版社法规中心 编	责任编辑 翁潇潇 装帧设计 汪奇峰

出版发行	法律出版社	开本	A5
编辑统筹	法规出版分社	印张 8.5	字数 215 千
责任校对	张红蕊	版本	2023 年 8 月第 1 版
责任印制	耿润瑜	印次	2023 年 8 月第 1 次印刷
经　　销	新华书店	印刷	涿州市星河印刷有限公司

地址：北京市丰台区莲花池西里 7 号（100073）
网址：www.lawpress.com.cn　　　　　　销售电话：010-83938349
投稿邮箱：info@lawpress.com.cn　　　　客服电话：010-83938350
举报盗版邮箱：jbwq@lawpress.com.cn　　咨询电话：010-63939796
版权所有·侵权必究

书号：ISBN 978-7-5197-7858-3　　　　　定价：30.00 元
凡购买本社图书，如有印装错误，我社负责退换。电话：010-83938349

编辑出版说明

"法者,天下之准绳也。"在法治社会,人们与其生活的社会发生的所有关系,莫不以法律为纽带和桥梁。人与人之间即是各种法律关系的总和。为帮助广大读者学法、知法、守法、用法,我们组织专业力量精心编写了"法律法规大字实用版系列"丛书。本丛书具有以下特点:

1. 专业。出版机构专业:成立于 1954 年的法律出版社,是全国首家法律专业出版机构,有专业的法律编辑队伍和标准的法律文本资源。内容专业:书中的名词解释、实用问答理据权威、精准专业;典型案例均来自最高人民法院、最高人民检察院发布的指导案例、典型案例以及地方法院发布的经典案例,在实践中起到指引法官"同案同判"的作用,具有很强的参考性。

2. 全面。全书以主体法为编写主线,在法条下辅之以条文主旨、名词解释、实用问答、典型案例,囊括了该条的标准理论阐释和疑难实务问题,帮助读者全面构建该条的立体化知识体系。

3. 实用。实用问答模块以一问一答的方式解答实务中的疑难问题,读者可按图索骥获取解决实务问题的答案;典型案例模块精选与条文密切相关的经典案例,在书中呈现裁判要旨,读者可按需扫描案例二维码获取案例全文。

4. 易读。采用大字排版、双色印刷，易读不累，清晰疏朗，提升了阅读体验感；波浪线标注条文重点，帮助读者精准捕捉条文要义。

书中可能尚存讹误，不当之处，尚祈读者批评指正。

法律出版社法规中心

2023 年 8 月

目 录

中华人民共和国刑事诉讼法

第一编 总 则

第一章 任务和基本原则 ·· 002
 第一条 立法目的 ·· 002
 第二条 立法任务 ·· 002
 第三条 公检法职责分工 ·· 003
 第四条 国家安全机关职权 ····································· 003
 第五条 独立行使审判权、检察权 ···························· 004
 第六条 诉讼基本原则 ·· 005
 第七条 三机关相互关系 ·· 005
 第八条 法律监督 ·· 005
 第九条 诉讼语言文字 ·· 006
 第十条 两审终审 ·· 006
 第十一条 审判公开及辩护原则 ······························· 006
 第十二条 未经法院判决不得确定有罪原则 ················ 007
 第十三条 人民陪审制度 ·· 008
 第十四条 保障诉讼权利 ·· 008

第十五条　认罪认罚从宽原则 …………… 008
第十六条　不追究刑事责任情形 …………… 011
第十七条　外国人刑事责任的处理 …………… 011
第十八条　刑事司法协助 …………………… 012

第二章　管辖 …………………………………… 015
第十九条　立案管辖 ………………………… 015
第二十条　基层人民法院管辖 ……………… 017
第二十一条　中级人民法院管辖 …………… 017
第二十二条　高级人民法院管辖 …………… 018
第二十三条　最高人民法院管辖 …………… 018
第二十四条　级别管辖变通 ………………… 018
第二十五条　审判地域管辖 ………………… 020
第二十六条　共同管辖处理 ………………… 020
第二十七条　指定管辖 ……………………… 022
第二十八条　专门管辖 ……………………… 023

第三章　回避 …………………………………… 024
第二十九条　回避事由和方式 ……………… 024
第三十条　办案人员行为之禁止 …………… 025
第三十一条　回避的决定及效力 …………… 025
第三十二条　其他人员的回避 ……………… 026

第四章　辩护与代理 …………………………… 027
第三十三条　自行辩护与委托辩护 ………… 027
第三十四条　委托辩护人的时间 …………… 028
第三十五条　指定辩护 ……………………… 030
第三十六条　值班律师 ……………………… 031
第三十七条　辩护人的责任 ………………… 032

第三十八条　辩护律师侦查期间的权利 ………………… 033

　　第三十九条　辩护人会见通信权 …………………………… 033

　　第四十条　辩护人查阅、摘抄、复制权 …………………… 033

　　第四十一条　辩护人申请调取证据权 ……………………… 034

　　第四十二条　辩护人证据展示义务 ………………………… 034

　　第四十三条　律师调查取证权 ……………………………… 034

　　第四十四条　辩护人行为禁止 ……………………………… 035

　　第四十五条　被告人拒绝与更换辩护人 …………………… 035

　　第四十六条　诉讼代理 ……………………………………… 036

　　第四十七条　诉讼代理人的范围 …………………………… 036

　　第四十八条　辩护律师的保密义务 ………………………… 037

　　第四十九条　辩护人、诉讼代理人申诉控告权 …………… 037

第五章　证据 …………………………………………………… 038

　　第五十条　证据及种类 ……………………………………… 038

　　第五十一条　举证责任 ……………………………………… 040

　　第五十二条　证据的收集 …………………………………… 040

　　第五十三条　办案机关法律文书的证据要求 ……………… 041

　　第五十四条　取证主体、对象及妨碍取证的法律
　　　　　　　　责任 …………………………………………… 041

　　第五十五条　重调查、不轻信口供 ………………………… 041

　　第五十六条　非法证据排除规则 …………………………… 043

　　第五十七条　检察机关调查核实排除非法证据职责 ……… 045

　　第五十八条　非法证据调查程序 …………………………… 045

　　第五十九条　证据合法性证明 ……………………………… 046

　　第六十条　严格排除原则 …………………………………… 047

　　第六十一条　证言的审查判断 ……………………………… 047

第六十二条　证人的资格与义务 …………… 049

第六十三条　证人及其近亲属的保护 ………… 049

第六十四条　特殊保护措施 …………………… 050

第六十五条　证人作证补助制度 ……………… 051

第六章　强制措施 ………………………………… 052

第六十六条　拘传、取保候审、监视居住的概括性
规定 …………………………………… 052

第六十七条　取保候审的条件与执行 ………… 053

第六十八条　取保候审的保证方式 …………… 054

第六十九条　保证人的条件 …………………… 054

第七十条　保证人的义务及法律责任 ………… 054

第七十一条　被取保候审人的义务 …………… 055

第七十二条　保证金的确定及缴纳 …………… 057

第七十三条　退还保证金 ……………………… 057

第七十四条　监视居住的情形 ………………… 057

第七十五条　监视居住的执行 ………………… 058

第七十六条　监视居住期限的折抵 …………… 059

第七十七条　被监视居住人的义务 …………… 059

第七十八条　监视居住监控方式 ……………… 059

第七十九条　取保候审和监视居住的期限及解除 …… 060

第八十条　逮捕的权限划分 …………………… 060

第八十一条　逮捕的条件 ……………………… 060

第八十二条　拘留的条件 ……………………… 063

第八十三条　异地执行拘留、逮捕 …………… 063

第八十四条　公民扭送 ………………………… 063

第八十五条　拘留的执行 ……………………… 064

第八十六条　拘留后案件的办理 ·············· 065
　　第八十七条　提请批准逮捕 ················ 066
　　第八十八条　审查批准逮捕程序 ·············· 066
　　第八十九条　批捕权 ···················· 067
　　第九十条　审查批捕 ···················· 067
　　第九十一条　提请批捕及对其审查处理 ·········· 068
　　第九十二条　不批捕的复议、复核 ············· 069
　　第九十三条　逮捕的执行 ················· 070
　　第九十四条　逮捕后案件的办理 ·············· 071
　　第九十五条　羁押必要性审查 ··············· 071
　　第九十六条　不当强制措施的变更与撤销 ········· 073
　　第九十七条　变更强制措施申请权 ············· 074
　　第九十八条　羁押期限届满的强制措施变更 ········ 074
　　第九十九条　超期强制措施的变更与解除 ········· 075
　　第一百条　侦查监督 ···················· 076
第七章　附带民事诉讼 ······················ 078
　　第一百零一条　附带民诉的提起 ·············· 078
　　第一百零二条　附带民诉的保全措施 ············ 079
　　第一百零三条　附带民诉的调解与裁判 ··········· 080
　　第一百零四条　附带民诉的审判组织 ············ 081
第八章　期间、送达 ······················· 082
　　第一百零五条　期间 ···················· 082
　　第一百零六条　期间的耽误与恢复 ············· 083
　　第一百零七条　送达 ···················· 084
第九章　其他规定 ························ 086
　　第一百零八条　有关用语的解释 ·············· 086

第二编　立案、侦查和提起公诉

第一章　立案 ………………………………………… 087
　　第一百零九条　立案侦查 ……………………… 087
　　第一百一十条　接受立案材料 ………………… 088
　　第一百一十一条　报案、控告、举报的形式、要求
　　　　　　　　　　及保护措施 ………………… 090
　　第一百一十二条　对立案材料的处理 ………… 090
　　第一百一十三条　立案监督 …………………… 091
　　第一百一十四条　自诉案件的提起 …………… 093
第二章　侦查 ………………………………………… 094
　第一节　一般规定 ………………………………… 094
　　第一百一十五条　侦查的任务 ………………… 094
　　第一百一十六条　预审 ………………………… 095
　　第一百一十七条　申诉、控告情形 …………… 095
　第二节　讯问犯罪嫌疑人 ………………………… 095
　　第一百一十八条　讯问主体和地点 …………… 095
　　第一百一十九条　讯问地点、时间 …………… 096
　　第一百二十条　讯问程序 ……………………… 097
　　第一百二十一条　讯问聋、哑人的要求 ……… 098
　　第一百二十二条　讯问笔录与书面供词 ……… 098
　　第一百二十三条　录音录像 …………………… 099
　第三节　询问证人 ………………………………… 100
　　第一百二十四条　询问地点与个别询问 ……… 100
　　第一百二十五条　询问前的告知 ……………… 101
　　第一百二十六条　询问笔录与书面证言 ……… 101

第一百二十七条　询问被害人 …………………………… 101

第四节　勘验、检查 …………………………………………… 101
　　第一百二十八条　勘验、检查的主体与对象 ………… 101
　　第一百二十九条　现场保护 …………………………… 102
　　第一百三十条　持证勘验、检查 ……………………… 103
　　第一百三十一条　尸体解剖 …………………………… 104
　　第一百三十二条　人身检查 …………………………… 104
　　第一百三十三条　勘验、检查笔录 …………………… 105
　　第一百三十四条　复验、复查 ………………………… 106
　　第一百三十五条　侦查实验 …………………………… 106

第五节　搜查 …………………………………………………… 108
　　第一百三十六条　搜查的对象 ………………………… 108
　　第一百三十七条　协助义务 …………………………… 109
　　第一百三十八条　搜查证 ……………………………… 109
　　第一百三十九条　搜查要求 …………………………… 109
　　第一百四十条　搜查笔录 ……………………………… 110

第六节　查封、扣押物证、书证 …………………………… 110
　　第一百四十一条　查封、扣押的对象 ………………… 110
　　第一百四十二条　查封、扣押清单 …………………… 111
　　第一百四十三条　扣押邮件电报 ……………………… 112
　　第一百四十四条　查询、冻结财产 …………………… 113
　　第一百四十五条　查封、扣押、冻结的解除 ………… 114

第七节　鉴定 …………………………………………………… 115
　　第一百四十六条　鉴定的启动 ………………………… 115
　　第一百四十七条　鉴定的程序与要求 ………………… 116
　　第一百四十八条　鉴定意见的告知及异议 …………… 117

第一百四十九条　精神病鉴定的期间 …………… 118

第八节　技术侦查措施 ……………………………… 119
　　第一百五十条　技术侦查措施的范围和批准手续 … 119
　　第一百五十一条　技术侦查措施期限 …………… 120
　　第一百五十二条　技术侦查措施的执行和保密义务 … 121
　　第一百五十三条　隐匿身份侦查、控制下交付 … 122
　　第一百五十四条　证据转化 ……………………… 122

第九节　通缉 ………………………………………… 123
　　第一百五十五条　通缉 …………………………… 123

第十节　侦查终结 …………………………………… 124
　　第一百五十六条　一般侦查羁押期限及其延长 … 124
　　第一百五十七条　特殊侦查羁押期限 …………… 125
　　第一百五十八条　重大复杂案件侦查羁押期限的延长 … 125
　　第一百五十九条　重刑案件侦查羁押期限的延长 … 125
　　第一百六十条　侦查羁押期限计算的两种特殊情形 … 125
　　第一百六十一条　辩护律师意见听取 …………… 126
　　第一百六十二条　移送审查起诉 ………………… 126
　　第一百六十三条　撤销案件 ……………………… 127

第十一节　人民检察院对直接受理的案件的侦查 … 128
　　第一百六十四条　自侦案件的法律适用 ………… 128
　　第一百六十五条　自侦案件中的拘留、逮捕 …… 128
　　第一百六十六条　自侦案件中对被拘留人的处理 … 128
　　第一百六十七条　自侦案件中逮捕的时限 ……… 129
　　第一百六十八条　自侦案件侦查终结的处理 …… 129

第三章　提起公诉 …………………………………… 131
　　第一百六十九条　公诉权 ………………………… 131

第一百七十条　监察机关移送起诉案件的处理 ………… 131

第一百七十一条　审查起诉的内容 ………………………… 132

第一百七十二条　审查起诉的期限 ………………………… 134

第一百七十三条　审查起诉的程序 ………………………… 135

第一百七十四条　签署认罪认罚具结书 …………………… 136

第一百七十五条　补充侦查 ………………………………… 137

第一百七十六条　提起公诉的条件和程序、提出量
刑建议 ……………………………………… 138

第一百七十七条　不起诉的条件和程序 …………………… 139

第一百七十八条　不起诉决定书的宣布和送达 …………… 141

第一百七十九条　公安机关对不起诉决定的异议 ………… 141

第一百八十条　被害人对不起诉决定的异议 ……………… 142

第一百八十一条　酌定不起诉被不起诉人的申诉 ………… 143

第一百八十二条　符合特殊条件的撤销案件、不
起诉 ………………………………………… 144

第三编　审　　判

第一章　审判组织 …………………………………………… 145

第一百八十三条　合议庭组成 ……………………………… 145

第一百八十四条　合议庭评议原则 ………………………… 146

第一百八十五条　审判委员会 ……………………………… 147

第二章　第一审程序 ………………………………………… 148

第一节　公诉案件 …………………………………………… 148

第一百八十六条　公诉案件的庭前审查 …………………… 148

第一百八十七条　开庭前准备 ……………………………… 149

第一百八十八条　审判公开原则及例外 …………………… 150

第一百八十九条　出庭支持公诉 …… 151

第一百九十条　开庭 …… 151

第一百九十一条　法庭调查 …… 152

第一百九十二条　证人、鉴定人出庭作证义务 …… 153

第一百九十三条　强制作证及拒绝作证的责任承担 …… 153

第一百九十四条　证人、鉴定人作证程序 …… 154

第一百九十五条　出示物证和宣读证据性文书 …… 155

第一百九十六条　休庭调查 …… 155

第一百九十七条　调取新证据 …… 156

第一百九十八条　法庭辩论和最后陈述 …… 156

第一百九十九条　违反法庭秩序的处理 …… 157

第二百条　评议、判决 …… 159

第二百零一条　认罪认罚案件采纳检察院指控罪名和量刑意见 …… 160

第二百零二条　判决的宣告与送达 …… 161

第二百零三条　判决书 …… 162

第二百零四条　延期审理 …… 162

第二百零五条　法庭审理中的补充侦查 …… 164

第二百零六条　中止审理 …… 164

第二百零七条　法庭笔录 …… 165

第二百零八条　审理期限 …… 165

第二百零九条　人民检察院对审判活动的监督 …… 166

第二节　自诉案件 …… 168

第二百一十条　自诉案件范围 …… 168

第二百一十一条　自诉案件的受理、审理程序 …… 169

第二百一十二条　自诉案件的调解、和解和撤诉 …… 171

第二百一十三条　反诉 …… 171

第三节　简易程序 …… 172

第二百一十四条　简易程序的适用范围 …… 172

第二百一十五条　不适用简易程序的情形 …… 172

第二百一十六条　简易程序审理公诉案件 …… 173

第二百一十七条　简易程序询问被告意见 …… 173

第二百一十八条　简易程序法庭辩论 …… 173

第二百一十九条　简易程序的程序简化 …… 174

第二百二十条　简易程序的审限 …… 174

第二百二十一条　简易程序转普通程序 …… 174

第四节　速裁程序 …… 175

第二百二十二条　速裁程序的适用范围和条件 …… 175

第二百二十三条　不适用速裁程序的情形 …… 176

第二百二十四条　速裁程序案件的法庭审理规则 …… 176

第二百二十五条　速裁程序审理期限 …… 176

第二百二十六条　速裁程序转普通程序或简易程序 …… 177

第三章　第二审程序 …… 178

第二百二十七条　上诉的提起 …… 178

第二百二十八条　抗诉的提起 …… 179

第二百二十九条　公诉案件被害人请求抗诉 …… 180

第二百三十条　上诉、抗诉的期限 …… 180

第二百三十一条　上诉的程序 …… 180

第二百三十二条　抗诉的程序 …… 182

第二百三十三条　第二审的全面审查 …… 183

第二百三十四条　第二审审理的方式和开庭地点 …… 184

第二百三十五条　第二审公诉人阅卷和出庭 …… 185

第二百三十六条　第二审后的处理 …… 185

第二百三十七条　上诉不加刑及其限制 …… 186

第二百三十八条　第一审程序违法导致的重审 …… 189

第二百三十九条　重审程序 …… 189

第二百四十条　对裁定的第二审 …… 189

第二百四十一条　重审的期限计算 …… 189

第二百四十二条　第二审的其他程序规定 …… 190

第二百四十三条　第二审期限 …… 190

第二百四十四条　终审判决、裁定 …… 190

第二百四十五条　查封、扣押、冻结财物及其孳息的保管与处理 …… 190

第四章　死刑复核程序 …… 192

第二百四十六条　死刑核准权 …… 192

第二百四十七条　死刑核准程序 …… 192

第二百四十八条　死缓核准权 …… 193

第二百四十九条　死刑复核的合议庭 …… 194

第二百五十条　死刑复核处理结果 …… 194

第二百五十一条　死刑复核程序 …… 195

第五章　审判监督程序 …… 197

第二百五十二条　申诉人的范围及申诉的效力 …… 197

第二百五十三条　因申诉而重新审判的事由 …… 198

第二百五十四条　提起再审的主体、理由 …… 199

第二百五十五条　再审法院 …… 200

第二百五十六条　再审的程序 …… 201

第二百五十七条　再审强制措施 …… 202

第二百五十八条　再审期限 …… 203

第四编 执 行

第二百五十九条　执行依据 …………………………………… 204
第二百六十条　无罪、免除刑事处罚的判决的执行 …… 204
第二百六十一条　死刑令签发及死缓执行 ……………… 205
第二百六十二条　死刑交付执行及执行停止 …………… 206
第二百六十三条　死刑执行程序 ………………………… 207
第二百六十四条　死缓、无期、有期徒刑、拘役的
　　　　　　　　　执行 …………………………………… 208
第二百六十五条　暂予监外执行 ………………………… 209
第二百六十六条　暂予监外执行的监督 ………………… 211
第二百六十七条　不当监外执行的监督 ………………… 211
第二百六十八条　监外执行的终止 ……………………… 212
第二百六十九条　社区矫正 ……………………………… 213
第二百七十条　剥夺政治权利的执行 …………………… 214
第二百七十一条　罚金刑的执行 ………………………… 215
第二百七十二条　没收财产刑的执行 …………………… 216
第二百七十三条　新罪、漏罪的追诉及减刑、假释 …… 216
第二百七十四条　对减刑、假释的监督 ………………… 218
第二百七十五条　错判及申诉的处理 …………………… 219
第二百七十六条　执行的监督 …………………………… 219

第五编 特 别 程 序

第一章　未成年人刑事案件诉讼程序 ………………………… 220
　第二百七十七条　未成年人犯罪审理原则 ……………… 220
　第二百七十八条　法律援助 ……………………………… 221

第二百七十九条　社会调查程序 …………………… 221

　　第二百八十条　逮捕措施慎用原则 …………………… 222

　　第二百八十一条　合适成年人到场制度 ……………… 222

　　第二百八十二条　附条件不起诉制度 ………………… 224

　　第二百八十三条　附条件不起诉监督考察 …………… 226

　　第二百八十四条　附条件不起诉的撤销情形 ………… 227

　　第二百八十五条　不公开审理 ………………………… 228

　　第二百八十六条　犯罪记录封存 ……………………… 229

　　第二百八十七条　其他规定 …………………………… 229

第二章　当事人和解的公诉案件诉讼程序 …………… 230

　　第二百八十八条　和解情形 …………………………… 230

　　第二百八十九条　和解协议书 ………………………… 231

　　第二百九十条　和解协议书的效力 …………………… 231

第三章　缺席审判程序 ……………………………………… 233

　　第二百九十一条　缺席审判的案件范围、条件和管辖 …… 233

　　第二百九十二条　向被告人送达起诉书副本 ………… 234

　　第二百九十三条　委托辩护、指定辩护 ……………… 234

　　第二百九十四条　判决书的送达和上诉、抗诉 ……… 234

　　第二百九十五条　重新审理 …………………………… 235

　　第二百九十六条　被告人因病不能出庭的缺席审判 … 235

　　第二百九十七条　被告人死亡案件的缺席审判 ……… 236

第四章　犯罪嫌疑人、被告人逃匿、死亡案件违法所得
　　　　的没收程序 …………………………………………… 237

　　第二百九十八条　没收违法所得情形 ………………… 237

　　第二百九十九条　没收违法所得审理程序 …………… 241

　　第三百条　没收违法所得审理结果 …………………… 242

第三百零一条　终止审理情形 …… 242
第五章　依法不负刑事责任的精神病人的强制医疗程序 …… 243
　　第三百零二条　强制医疗适用条件 …… 243
　　第三百零三条　强制医疗决定程序 …… 245
　　第三百零四条　强制医疗案件审理程序 …… 246
　　第三百零五条　强制医疗案件审理期限及救济方式 …… 247
　　第三百零六条　定期诊断评估制度及强制医疗措施解除 …… 247
　　第三百零七条　强制医疗法律监督 …… 248

附　则

　　第三百零八条　军队保卫部门、中国海警局、监狱的侦查权 …… 249

附录　相关法规索引 …… 250

一、综合规定

最高人民法院、最高人民检察院、公安部等关于实施刑事诉讼法若干问题的规定（2012.12.26）

最高人民法院关于适用《中华人民共和国刑事诉讼法》的解释（2021.1.26）

人民检察院刑事诉讼规则（2019.12.30）

公安机关办理刑事案件程序规定（2020.7.20修正）

二、总则

全国人民代表大会常务委员会关于《中华人民共和国刑事诉讼法》第七十九条第三款的解释（2014.4.24）

最高人民法院、最高人民检察院、公安部、国家安全部、司法部

关于办理死刑案件审查判断证据若干问题的规定（2010.6.13）

最高人民法院、最高人民检察院、公安部、国家安全部、司法部关于办理刑事案件排除非法证据若干问题的规定（2010.6.13）

最高人民法院、最高人民检察院、公安部、国家安全部、司法部关于办理刑事案件严格排除非法证据若干问题的规定（2017.6.20）

最高人民检察院、公安部关于适用刑事强制措施有关问题的规定（2000.8.28）

最高人民法院、最高人民检察院、公安部、国家安全部关于取保候审若干问题的规定（2022.9.5修订）

最高人民检察院、公安部关于依法适用逮捕措施有关问题的规定（2001.8.6）

最高人民法院、最高人民检察院、公安部、司法部关于刑事诉讼法律援助工作的规定（2013.2.4）

人民检察院办理羁押必要性审查案件规定（试行）（2016.1.22）

人民检察院办理认罪认罚案件听取意见同步录音录像规定（2021.12.2）

三、立案、侦查和提起公诉

行政执法机关移送涉嫌犯罪案件的规定（2020.8.7修订）

最高人民检察院关于人民检察院直接受理立案侦查案件立案标准的规定（试行）（1999.9.16）

最高人民检察院关于渎职侵权犯罪案件立案标准的规定（2006.7.26）

最高人民检察院、公安部关于公安机关管辖的刑事案件立案追诉标准的规定（一）（2008.6.25）

最高人民检察院、公安部关于《公安机关管辖的刑事案件立案追

诉标准的规定（一）》的补充规定（2017.4.27）

最高人民检察院、公安部关于公安机关管辖的刑事案件立案追诉标准的规定（二）（2022.4.6修订）

最高人民检察院、公安部关于公安机关管辖的刑事案件立案追诉标准的规定（三）（2012.5.16）

四、审判

最高人民法院关于处理自首和立功具体应用法律若干问题的解释（1998.4.6）

最高人民法院、最高人民检察院关于办理职务犯罪案件认定自首、立功等量刑情节若干问题的意见（2009.3.12）

最高人民法院关于处理自首和立功若干具体问题的意见（2010.12.22）

最高人民法院、最高人民检察院关于常见犯罪的量刑指导意见（试行）（2021.6.16）

最高人民法院关于常见犯罪的量刑指导意见（二）（试行）（2017.3.9）

人民检察院刑事诉讼涉案财物管理规定（2015.3.6）

人民检察院办理刑事申诉案件规定（2020.9.22）

五、执行

全国人民代表大会常务委员会关于《中华人民共和国刑事诉讼法》第二百五十四条第五款、第二百五十七条第二款的解释（2014.4.24）

最高人民法院关于死刑缓期执行限制减刑案件审理程序若干问题的规定（2011.4.25）

人民检察院办理减刑、假释案件规定（2014.8.1）

最高人民法院关于办理减刑、假释案件具体应用法律的规定

（2016.11.14）

最高人民法院关于办理减刑、假释案件具体应用法律的补充规定（2019.4.24）

最高人民法院关于减刑、假释案件审理程序的规定（2014.4.23）

六、特别程序

全国人民代表大会常务委员会关于《中华人民共和国刑事诉讼法》第二百七十一条第二款的解释（2014.4.24）

人民检察院办理未成年人刑事案件的规定（2013.12.27修订）

最高人民检察院关于办理当事人达成和解的轻微刑事案件的若干意见（2011.1.29）

人民检察院强制医疗执行检察办法（试行）（2016.6.2）

中华人民共和国刑事诉讼法

- 1979年7月1日第五届全国人民代表大会第二次会议通过

- 根据1996年3月17日第八届全国人民代表大会第四次会议《关于修改〈中华人民共和国刑事诉讼法〉的决定》第一次修正

- 根据2012年3月14日第十一届全国人民代表大会第五次会议《关于修改〈中华人民共和国刑事诉讼法〉的决定》第二次修正

- 根据2018年10月26日第十三届全国人民代表大会常务委员会第六次会议《关于修改〈中华人民共和国刑事诉讼法〉的决定》第三次修正

第一编 总　　则

第一章　任务和基本原则

◆ **第一条　立法目的**[①]

为了保证刑法的正确实施，惩罚犯罪，保护人民，保障国家安全和社会公共安全，维护社会主义社会秩序，根据宪法，制定本法。

◆ **第二条　立法任务**

中华人民共和国刑事诉讼法的任务，是保证准确、及时地查明犯罪事实，正确应用法律，惩罚犯罪分子，保障无罪的人不受刑事追究，教育公民自觉遵守法律，积极同犯罪行为作斗争，维护社会主义法制，尊重和保障人权，保护公民的人身权利、财产权利、民主权利和其他权利，保障社会主义建设事业的顺利进行。

[①] 条文主旨为编者所加，下同。

◆ 第三条　公检法职责分工

对刑事案件的侦查、拘留、执行逮捕、预审，由公安机关负责。检察、批准逮捕、检察机关直接受理的案件的侦查、提起公诉，由人民检察院负责。审判由人民法院负责。除法律特别规定的以外，其他任何机关、团体和个人都无权行使这些权力。

人民法院、人民检察院和公安机关进行刑事诉讼，必须严格遵守本法和其他法律的有关规定。

实用问答

公安机关在刑事诉讼中的基本职权有哪些？

答：根据《公安机关办理刑事案件程序规定》第3条的规定，公安机关在刑事诉讼中的基本职权，是依照法律对刑事案件立案、侦查、预审；决定、执行强制措施；对依法不追究刑事责任的不予立案，已经追究的撤销案件；对侦查终结应当起诉的案件，移送人民检察院审查决定；对不够刑事处罚的犯罪嫌疑人需要行政处理的，依法予以处理或者移送有关部门；对被判处有期徒刑的罪犯，在被交付执行刑罚前，剩余刑期在3个月以下的，代为执行刑罚；执行拘役、剥夺政治权利、驱逐出境。

◆ 第四条　国家安全机关职权

国家安全机关依照法律规定，办理危害国家安全的刑事案件，行使与公安机关相同的职权。

📝 名词解释

国家安全机关,是指在特殊的治安领域承担治安保卫任务的国家机关,与公安机关的任务性质相同。它在办理刑事案件时,享有与公安机关相同的职权。

> ◆ **第五条 独立行使审判权、检察权**
>
> 人民法院依照法律规定<u>独立行使审判权</u>,人民检察院依照法律规定<u>独立行使检察权</u>,不受行政机关、社会团体和个人的干涉。

📄 实用问答

独立行使审判权、检察权原则包括哪些内容?

答: 独立行使审判权、检察权原则包括:(1)人民法院行使审判权,人民检察院行使检察权,在法律规定的职责范围内都是独立的,不受行政机关、社会团体和个人的干涉,但是仍需接受党的领导,接受各级人民代表大会及其常务委员会的监督,并应当自觉接受人民群众和社会舆论的监督,这就要求审判人员和检察人员坚持"以事实为根据,以法律为准绳",坚决反对地方保护主义和部门保护主义。(2)人民法院行使审判权、人民检察院行使检察权,必须严格遵守宪法和法律的各项规定,按照法定程序和规则行事,坚决反对"以言代法""以权代法"。(3)人民法院、人民检察院作为一个组织整体,集体对审判权、检察权的行使负责。人民法院、人民检察院依法独立行使审判权和检察权,并不意味着"法官独立""检察官独立",而是人民法院、人民检察院的独立。

◆ **第六条 诉讼基本原则**

人民法院、人民检察院和公安机关进行刑事诉讼，必须依靠群众，必须以事实为根据，以法律为准绳。对于一切公民，在适用法律上一律平等，在法律面前，不允许有任何特权。

◆ **第七条 三机关相互关系**

人民法院、人民检察院和公安机关进行刑事诉讼，应当分工负责，互相配合，互相制约，以保证准确有效地执行法律。

◆ **第八条 法律监督**

人民检察院依法对刑事诉讼实行法律监督。

实用问答

1. 人民检察院的监督活动主要包括哪些？

答：人民检察院的监督活动主要包括：（1）对公安机关的立案活动进行监督。（2）对公安机关侦查的案件进行审查，决定是否逮捕、起诉。（3）对公安机关的侦查活动是否合法，实行监督。（4）对刑事案件提起公诉、支持公诉。（5）对人民法院的审判活动是否合法，实行监督；对刑事案件判决、裁定的执行和监狱、公安机关及其下属的看守所、拘役所等执行机关的活动是否合法，实行监督。

2. 人民检察院可以采取哪些方式对涉嫌违法的事实进行调查核实？

答：根据《人民检察院刑事诉讼规则》第551条第2款的规定，人民检察院对于涉嫌违法的事实，可以采取以下方式进行调查核实：

（1）讯问、询问犯罪嫌疑人；（2）询问证人、被害人或者其他诉讼参与人；（3）询问办案人员；（4）询问在场人员或者其他可能知情的人员；（5）听取申诉人或者控告人的意见；（6）听取辩护人、值班律师意见；（7）调取、查询、复制相关登记表册、法律文书、体检记录及案卷材料等；（8）调取讯问笔录、询问笔录及相关录音、录像或其他视听资料；（9）进行伤情、病情检查或者鉴定；（10）其他调查核实方式。

◆ 第九条　诉讼语言文字

　　各民族公民都有用本民族语言文字进行诉讼的权利。人民法院、人民检察院和公安机关对于不通晓当地通用的语言文字的诉讼参与人，应当为他们翻译。

　　在少数民族聚居或者多民族杂居的地区，应当用当地通用的语言进行审讯，用当地通用的文字发布判决书、布告和其他文件。

◆ 第十条　两审终审

　　人民法院审判案件，实行两审终审制。

名词解释

　　两审终审，是指一个案件至多经过两级人民法院审判即告终结、判决和裁定即发生法律效力的制度。

◆ 第十一条　审判公开及辩护原则

　　人民法院审判案件，除本法另有规定的以外，一律公开进行。被告人有权获得辩护，人民法院有义务保证被告人获得辩护。

名词解释

公开审判，是指除《刑事诉讼法》另有规定的以外，人民法院审判第一审案件和宣告判决都应当向社会公开。

实用问答

1. 哪些第一审案件不应当公开审理？

答：根据《最高人民法院关于严格执行公开审判制度的若干规定》第2条中的规定，人民法院对于第一审案件，除下列案件外，应当依法一律公开审理：(1) 涉及国家秘密的案件；(2) 涉及个人隐私的案件；(3) 14岁以上不满16岁未成年人犯罪的案件；经人民法院决定不公开审理的16岁以上不满18岁未成年人犯罪的案件；(4) 经当事人申请，人民法院决定不公开审理的涉及商业秘密的案件；(5) 经当事人申请，人民法院决定不公开审理的离婚案件；(6) 法律另有规定的其他不公开审理的案件。

2. 哪些二审案件应当公开审理？

答：根据《最高人民法院关于严格执行公开审判制度的若干规定》第3条的规定，下列第二审案件应当公开审理：(1) 当事人对不服公开审理的第一审案件的判决、裁定提起上诉的，但因违反法定程序发回重审的和事实清楚依法径行判决、裁定的除外。(2) 人民检察院对公开审理的案件的判决、裁定提起抗诉的，但需发回重审的除外。

◆ **第十二条　未经法院判决不得确定有罪原则**

未经人民法院依法判决，对任何人都不得确定有罪。

📝 名词解释

依法判决，是指人民法院依照《刑事诉讼法》规定的审判程序和诉讼制度，依照《刑法》以及有关《刑法》的修改补充决定、修正案作出有罪或者无罪判决。

◆ 第十三条　人民陪审制度

人民法院审判案件，依照本法实行人民陪审员陪审的制度。

◆ 第十四条　保障诉讼权利

人民法院、人民检察院和公安机关应当保障犯罪嫌疑人、被告人和其他诉讼参与人依法享有的辩护权和其他诉讼权利。

诉讼参与人对于审判人员、检察人员和侦查人员侵犯公民诉讼权利和人身侮辱的行为，有权提出控告。

📄 实用问答

其他诉讼参与人包括哪些人？

答：其他诉讼参与人，包括被害人、自诉人、附带民事诉讼原告人与被告人、法定代理人、诉讼代理人、辩护人、证人、鉴定人和翻译人员。

◆ 第十五条　认罪认罚从宽原则

犯罪嫌疑人、被告人自愿如实供述自己的罪行，承认指控的犯罪事实，愿意接受处罚的，可以依法从宽处理。

名词解释

认罪，是指犯罪嫌疑人、被告人自愿如实供述自己的罪行，承认指控的犯罪事实。

认罚，是指明确表示愿意接受司法机关给予的刑罚等处罚。

实用问答

1. 认罪认罚从宽制度贯穿刑事诉讼全过程吗？

答：根据《最高人民法院、最高人民检察院、公安部、国家安全部、司法部关于适用认罪认罚从宽制度的指导意见》的规定，认罪认罚从宽制度贯穿刑事诉讼全过程，适用于侦查、起诉、审判各个阶段。认罪认罚从宽制度没有适用罪名和可能判处刑罚的限定，所有刑事案件都可以适用，不能因罪轻、罪重或者罪名特殊等原因而剥夺犯罪嫌疑人、被告人自愿认罪认罚获得从宽处理的机会。但"可以"适用不是一律适用，犯罪嫌疑人、被告人认罪认罚后是否从宽，由司法机关根据案件具体情况决定。

2. 如何把握"认罪"？

答：根据《最高人民法院、最高人民检察院、公安部、国家安全部、司法部关于适用认罪认罚从宽制度的指导意见》的规定，认罪认罚从宽制度中的"认罪"，是指犯罪嫌疑人、被告人自愿如实供述自己的罪行，对指控的犯罪事实没有异议。承认指控的主要犯罪事实，仅对个别事实情节提出异议，或者虽然对行为性质提出辩解但表示接受司法机关认定意见的，不影响"认罪"的认定。犯罪嫌疑人、被告人犯数罪，仅如实供述其中一罪或部分罪名事实的，全案不作"认罪"的认定，不适用认罪认罚从宽制度，但对如实供述的部分，人民检察院可以提出从宽处罚的建议，人民法院可以从宽处罚。

3. 如何把握"认罚"？

答：根据《最高人民法院、最高人民检察院、公安部、国家安全部、司法部关于适用认罪认罚从宽制度的指导意见》的规定，认罪认罚从宽制度中的"认罚"，是指犯罪嫌疑人、被告人真诚悔罪，愿意接受处罚。"认罚"，在侦查阶段表现为表示愿意接受处罚；在审查起诉阶段表现为接受人民检察院拟作出的起诉或不起诉决定，认可人民检察院的量刑建议，签署认罪认罚具结书；在审判阶段表现为当庭确认自愿签署具结书，愿意接受刑罚处罚。"认罚"考察的重点是犯罪嫌疑人、被告人的悔罪态度和悔罪表现，应当结合退赃退赔、赔偿损失、赔礼道歉等因素来考量。犯罪嫌疑人、被告人虽然表示"认罚"，却暗中串供、干扰证人作证、毁灭、伪造证据或者隐匿、转移财产，有赔偿能力而不赔偿损失，则不能适用认罪认罚从宽制度。犯罪嫌疑人、被告人享有程序选择权，不同意适用速裁程序、简易程序的，不影响"认罚"的认定。

4. 如何把握"从宽"？

答：根据《最高人民法院、最高人民检察院、公安部、国家安全部、司法部关于适用认罪认罚从宽制度的指导意见》的规定，从宽处理既包括实体上从宽处罚，也包括程序上从简处理。"可以从宽"，是指一般应当体现法律规定和政策精神，予以从宽处理。但可以从宽不是一律从宽，对犯罪性质和危害后果特别严重、犯罪手段特别残忍、社会影响特别恶劣的犯罪嫌疑人、被告人，认罪认罚不足以从轻处罚的，依法不予从宽处罚。

◆ **第十六条　不追究刑事责任情形**

有下列情形之一的，不追究刑事责任，已经追究的，应当撤销案件，或者不起诉，或者终止审理，或者宣告无罪：

（一）情节显著轻微、危害不大，不认为是犯罪的；
（二）犯罪已过追诉时效期限的；
（三）经特赦令免除刑罚的；
（四）依照刑法告诉才处理的犯罪，没有告诉或者撤回告诉的；
（五）犯罪嫌疑人、被告人死亡的；
（六）其他法律规定免予追究刑事责任的。

◆ **第十七条　外国人刑事责任的处理**

对于外国人犯罪应当追究刑事责任的，适用本法的规定。

对于享有外交特权和豁免权的外国人犯罪应当追究刑事责任的，通过外交途径解决。

名词解释

外国人犯罪，是指外国人在我国领域内犯我国刑法规定的各种罪和在我国领域外对我们国家和公民实施的按照刑法规定的最低刑为3年有期徒刑的犯罪。对于外国人犯罪应当追究刑事责任的，应由我国司法机关受理，依照我国刑事诉讼法规定的程序追究其刑事责任。

外交特权和豁免权，是指一个国家为了保证和便利驻在本国的外交代表、外交代表机关以及外交人员执行职务，而给予他们的一种特殊权利和待遇。

实用问答

哪些外国人享有外交特权和豁免权？

答：享有外交特权和豁免权的外国人主要包括以下四类：（1）外国驻中国的外交代表以及与其共同生活的不是中国公民的配偶及未成年子女；（2）途经中国的外国驻第三国的外交代表和与其共同生活的配偶及未成年子女；（3）来中国访问的外国国家元首、政府首脑、外交部长及其他具有同等身份的官员；（4）来中国参加联合国及其专门机构召开的国际会议的外国代表、临时来中国的联合国及其专门机构的官员和专家、联合国及其专门机构驻中国的代表机构和人员等。

◆ 第十八条 刑事司法协助

根据中华人民共和国缔结或者参加的国际条约，或者按照互惠原则，我国司法机关和外国司法机关可以相互请求刑事司法协助。

实用问答

1. 我国刑事司法协助的范围主要包括哪些？

答：我国刑事司法协助的范围主要包括以下内容：代为送达司法文书和司法外文书；调查取证，包括听取当事人、犯罪嫌疑人的陈述，询问证人、被害人、鉴定人，进行鉴定、检查和司法勘验，收集其他证据；移交赃款、赃物；诉讼移管；等等。

2. 人民法院可以采用哪些方式向在中华人民共和国领域外居住的当事人送达刑事诉讼文书？

答：根据《最高人民法院关于适用〈中华人民共和国刑事诉讼法〉的解释》第495条的规定，人民法院向在中华人民共和国领域外居住的当事人送达刑事诉讼文书，可以采用下列方式：（1）根据受送达人所在国与中华人民共和国缔结或者共同参加的国际条约规定的方式送达；（2）通过外交途径送达；（3）对中国籍当事人，所在国法律允许或者经所在国同意的，可以委托我国驻受送达人所在国的使领馆代为送达；（4）当事人是自诉案件的自诉人或者附带民事诉讼原告人的，可以向有权代其接受送达的诉讼代理人送达；（5）当事人是外国单位的，可以向其在中华人民共和国领域内设立的代表机构或者有权接受送达的分支机构、业务代办人送达；（6）受送达人所在国法律允许的，可以邮寄送达；自邮寄之日起满3个月，送达回证未退回，但根据各种情况足以认定已经送达的，视为送达；（7）受送达人所在国法律允许的，可以采用传真、电子邮件等能够确认受送达人收悉的方式送达。

3. 最高人民检察院在收到对外联系机关转交的刑事司法协助请求书及所附材料后，可以作出哪些处理？

答：根据《人民检察院刑事诉讼规则》第677条的规定，最高人民检察院在收到对外联系机关转交的刑事司法协助请求书及所附材料后，经审查，分别作出以下处理：（1）根据《国际刑事司法协助法》和刑事司法协助条约的规定，认为可以协助执行的，作出决定并安排有关省级人民检察院执行；（2）根据《国际刑事司法协助法》或者刑事司法协助条约的规定，认为应当全部或者部分拒绝协助的，将请求书及所附材料退回对外联系机关并说明理由；（3）对执行请求有保密要求或者有其他附加条件的，通过对外联系机关向外国提出,在外国接受条件并且作出书面保证后,决定附条件执行;(4)需要补充材料的,书面通过对外联系机关要求请求方在合理期限内提供。

第二章　管　辖

◆ **第十九条　立案管辖**

刑事案件的侦查由公安机关进行，法律另有规定的除外。

人民检察院在对诉讼活动实行法律监督中发现的司法工作人员利用职权实施的非法拘禁、刑讯逼供、非法搜查等侵犯公民权利、损害司法公正的犯罪，可以由人民检察院立案侦查。对于公安机关管辖的国家机关工作人员利用职权实施的重大犯罪案件，需要由人民检察院直接受理的时候，经省级以上人民检察院决定，可以由人民检察院立案侦查。

自诉案件，由人民法院直接受理。

实用问答

1. 人民法院直接受理的自诉案件有哪些？

答：根据《最高人民法院关于适用〈中华人民共和国刑事诉讼法〉的解释》第1条的规定，人民法院直接受理的自诉案件包括：（1）告诉才处理的案件：①侮辱、诽谤案（《刑法》第246条规定的，但严重危害社会秩序和国家利益的除外）；②暴力干涉婚姻自由案（《刑法》第257条第1款规定的）；③虐待案（刑法第260条第1款规定的，但被害人没有能力告诉或者因受到强制、威吓无法告诉的除外）；④侵占案（《刑法》第270条规定的）。（2）人民检察院没有提起公诉，被害人有证据证明的轻微刑事案件：①故意伤害案

(《刑法》第234条第1款规定的）；②非法侵入住宅案（《刑法》第245条规定的）；③侵犯通信自由案（《刑法》第252条规定的）；④重婚案（《刑法》第258条规定的）；⑤遗弃案（《刑法》第261条规定的）；⑥生产、销售伪劣商品案（《刑法》分则第三章第一节规定的，但严重危害社会秩序和国家利益的除外）；⑦侵犯知识产权案（《刑法》分则第三章第七节规定的，但严重危害社会秩序和国家利益的除外）；⑧《刑法》分则第四章、第五章规定的，可能判处3年有期徒刑以下刑罚的案件。该项规定的案件，被害人直接向人民法院起诉的，人民法院应当依法受理。对其中证据不足，可以由公安机关受理的，或者认为对被告人可能判处3年有期徒刑以上刑罚的，应当告知被害人向公安机关报案，或者移送公安机关立案侦查。(3) 被害人有证据证明对被告人侵犯自己人身、财产权利的行为应当依法追究刑事责任，且有证据证明曾经提出控告，而公安机关或者人民检察院不予追究被告人刑事责任的案件。

2. 哪些案件由人民检察院负责案件管理的部门统一受理？

答： 根据《人民检察院刑事诉讼规则》第156条的规定，下列案件，由人民检察院负责案件管理的部门统一受理：（1）公安机关提请批准逮捕、移送起诉、提请批准延长侦查羁押期限、要求复议、提请复核、申请复查、移送申请强制医疗、移送申请没收违法所得的案件；（2）监察机关移送起诉、提请没收违法所得、对不起诉决定提请复议的案件；（3）下级人民检察院提出或者提请抗诉、报请指定管辖、报请核准追诉、报请核准缺席审判或者提请死刑复核监督的案件；（4）人民法院通知出席第二审法庭或者再审法庭的案件；（5）其他依照规定由负责案件管理的部门受理的案件。

◆ **第二十条　基层人民法院管辖**

基层人民法院管辖第一审普通刑事案件，但是依照本法由上级人民法院管辖的除外。

名词解释

基层人民法院，是指《人民法院组织法》中规定的县人民法院、不设区的市人民法院、自治县人民法院和市辖区人民法院。基层人民法院根据地区、人口和案件情况，可以设立若干人民法庭。人民法庭是基层人民法院的组成部分，它的判决和裁定就是基层人民法院的判决和裁定。

◆ **第二十一条　中级人民法院管辖**

中级人民法院管辖下列第一审刑事案件：
（一）危害国家安全、恐怖活动案件；
（二）可能判处无期徒刑、死刑的案件。

名词解释

中级人民法院，是指在省、自治区内按地区设立的中级人民法院，在直辖市内设立的中级人民法院，省、自治区辖市的中级人民法院和自治州中级人民法院。

危害国家安全案件，是指《刑法》分则第一章规定的危害国家安全罪。

恐怖活动案件，是指实施恐怖活动，构成犯罪的案件。

可能判处无期徒刑、死刑的案件，是指除危害国家安全案件和恐怖活动案件以外，依照我国刑法规定，可能判处无期徒刑或者死刑的刑事案件。

实用问答

哪些活动属于恐怖活动？

答：根据《反恐怖主义法》第 3 条第 2 款的规定，恐怖活动是指恐怖主义性质的下列行为：（1）组织、策划、准备实施、实施造成或者意图造成人员伤亡、重大财产损失、公共设施损坏、社会秩序混乱等严重社会危害的活动的；（2）宣扬恐怖主义，煽动实施恐怖活动，或者非法持有宣扬恐怖主义的物品，强制他人在公共场所穿戴宣扬恐怖主义的服饰、标志的；（3）组织、领导、参加恐怖活动组织的；（4）为恐怖活动组织、恐怖活动人员、实施恐怖活动或者恐怖活动培训提供信息、资金、物资、劳务、技术、场所等支持、协助、便利的；（5）其他恐怖活动。

◆ **第二十二条　高级人民法院管辖**

高级人民法院管辖的第一审刑事案件，是全省（自治区、直辖市）性的重大刑事案件。

◆ **第二十三条　最高人民法院管辖**

最高人民法院管辖的第一审刑事案件，是全国性的重大刑事案件。

◆ **第二十四条　级别管辖变通**

上级人民法院在必要的时候，可以审判下级人民法院管辖的第一审刑事案件；下级人民法院认为案情重大、复杂需要由上级人民法院审判的第一审刑事案件，可以请求移送上一级人民法院审判。

实用问答

1. 基层人民法院对所管辖的哪些案件，可以报请上一级人民法院审理？

答：根据《最高人民法院关于完善四级法院审级职能定位改革试点的实施办法》第4条的规定，基层人民法院对所管辖的第一审民事、刑事、行政案件，认为属于下列情形之一，需要由中级人民法院审理的，可以报请上一级人民法院审理：（1）涉及重大国家利益、社会公共利益，不宜由基层人民法院审理的；（2）在辖区内属于新类型，且案情疑难复杂的；（3）具有普遍法律适用指导意义的；（4）上一级人民法院或者其辖区内各基层人民法院之间近3年裁判生效的同类案件存在重大法律适用分歧，截至案件审理时仍未解决的；（5）由中级人民法院一审更有利于公正审理的。中级人民法院对辖区基层人民法院已经受理的第一审民事、刑事、行政案件，认为属于前述情形之一，有必要由该院审理的，应当决定提级管辖。

2. 中级人民法院对所管辖的哪些案件，可以报请上一级人民法院审理？

答：根据《最高人民法院关于完善四级法院审级职能定位改革试点的实施办法》第5条的规定，中级人民法院对所管辖的第一审民事、刑事、行政案件，认为属于下列情形之一，需要由高级人民法院审理的，可以报请上一级人民法院审理：（1）具有普遍法律适用指导意义的；（2）上一级人民法院或者其辖区内各中级人民法院之间近 3 年裁判生效的同类案件存在重大法律适用分歧，截至案件审理时仍未解决的；(3) 由高级人民法院一审更有利于公正审理的。高级人民法院对辖区中级人民法院已经受理的第一审民事、刑事、行政案件，认为属于前述情形之一，有必要由该院审理的，应当决定提级管辖。

◆ 第二十五条　审判地域管辖

刑事案件由犯罪地的人民法院管辖。如果由被告人居住地的人民法院审判更为适宜的，可以由被告人居住地的人民法院管辖。

名词解释

地域管辖，是指不同地区的同级人民法院之间对第一审刑事案件管辖权的分工，它所要解决的是某一刑事案件应由同级中的哪一地区的法院进行第一审审判的问题。

◆ 第二十六条　共同管辖处理

几个同级人民法院都有权管辖的案件，由最初受理的人民法院审判。在必要的时候，可以移送主要犯罪地的人民法院审判。

实用问答

基层人民法院对哪些第一审刑事案件，可以请求移送中级人民法院审判？

答：根据《最高人民法院关于适用〈中华人民共和国刑事诉讼法〉的解释》第 17 条的规定，基层人民法院对可能判处无期徒刑、死刑的第一审刑事案件,应当移送中级人民法院审判。基层人民法院对下列第一审刑事案件,可以请求移送中级人民法院审判:(1)重大、复杂案件;(2)新类型的疑难案件;(3)在法律适用上具有普遍指导意义的案件。需要将案件移送中级人民法院审判的,应当在报请院长决定后,至迟于案件审理期限届满 15 日以前书面请求移送。中级人民法院应当在接到申请后 10 日以内作出决定。不同意移送的,应当下达不同意移送决定书,由请求移送的人民法院依法审判;同意移送的,应当下达同意移送决定书,并书面通知同级人民检察院。

典型案例

闵某辉、马某霖、帕某贩卖毒品案[①]

裁判要旨: 确定管辖权,应当以《刑事诉讼法》和最高人民法院的司法解释为依据,而不是以公安部门侦查或并案侦查地及移送起诉地为依据。该案被告人闵某辉等人的犯罪地、户籍地、居住地均不在甘肃省;闵某辉系假释期间犯罪,服刑地也不在甘肃省。甘肃省兰州市中级人民法院和甘肃省高级人民法院审理该案不符合法律规定,不具有管辖权。

《全国部分法院审理毒品犯罪案件工作座谈会纪要》第 11 条中规定:"对于已进入审判程序的案件,被告人及其辩护人提出管辖异议,经审查异议成立的,或者受案法院发现没有管辖权,而案件由本院管辖更适宜的,受案法院应当报请与有管辖权的法院共同的上级法院依法指定本院管辖。"广东省广州市中级人民法院、宁夏回族

---

① 参见《刑事审判参考》总第 67 集第 551 号案例。

自治区石嘴山市中级人民法院对该案有管辖权，甘肃省兰州市中级人民法院如果认为案件由该院管辖更适宜，应当报请与有管辖权的法院共同的上级法院即最高人民法院依法指定其管辖。兰州市中级人民法院和甘肃省高级人民法院审理该案，违反了有关地域管辖的法律规定，最高人民法院依法裁定撤销原审裁判是正确的。

◆ **第二十七条　指定管辖**

上级人民法院可以指定下级人民法院审判管辖不明的案件，也可以指定下级人民法院将案件移送其他人民法院审判。

名词解释

管辖不明，是指该案的管辖在法律中没有明确规定或者对该案件应由谁管辖存在争议。

实用问答

1. 对于管辖不明的案件怎么处理？

答：根据《最高人民法院关于适用〈中华人民共和国刑事诉讼法〉的解释》第20条的规定，管辖不明的案件，上级人民法院可以指定下级人民法院审判。有关案件，由犯罪地、被告人居住地以外的人民法院审判更为适宜的，上级人民法院可以指定下级人民法院管辖。

2. 原受理案件的人民法院在收到上级人民法院改变管辖决定书、同意移送决定书或者指定其他人民法院管辖的决定书后，应当如何处理？

答：根据《最高人民法院关于适用〈中华人民共和国刑事诉讼

法〉的解释》第 22 条的规定，原受理案件的人民法院在收到上级人民法院改变管辖决定书、同意移送决定书或者指定其他人民法院管辖的决定书后，对公诉案件，应当书面通知同级人民检察院，并将案卷材料退回，同时书面通知当事人；对自诉案件，应当将案卷材料移送被指定管辖的人民法院，并书面通知当事人。

◆ **第二十八条　专门管辖**

专门人民法院案件的管辖另行规定。

名词解释

专门人民法院，是指根据实际情况和审理案件的特殊需要成立的审理特定的人员或者特定种类案件的人民法院。

专门管辖，是指各专门人民法院在审判第一审刑事案件范围上的分工。它既包括专门人民法院与普通人民法院之间审判第一审刑事案件范围上的分工，同时也包括各专门人民法院之间在受理第一审刑事案件范围上的分工，以及每一专门人民法院系统内部在受理第一审刑事案件上的分工。

第三章 回 避

> ◆ **第二十九条 回避事由和方式**
>
> 审判人员、检察人员、侦查人员有下列情形之一的,应当自行回避,当事人及其法定代理人也有权要求他们回避:
> (一)是本案的当事人或者是当事人的近亲属的;
> (二)本人或者他的近亲属和本案有利害关系的;
> (三)担任过本案的证人、鉴定人、辩护人、诉讼代理人的;
> (四)与本案当事人有其他关系,可能影响公正处理案件的。

名词解释

回避,是指审判人员、检察人员、侦查人员和法律规定的其他人员遇有法律规定的情形,应当不再参加审判、检察、侦查或者其他诉讼活动的制度。

实用问答

回避有哪些种类?

答:回避可以分为以下三种:(1)自行回避,即依照法律规定,侦查人员、检察人员、审判人员具有法定回避情形之一的应当自行主动地要求回避。(2)申请回避,即案件的当事人和法定代理人认为侦查人员、检察人员、审判人员中具有法定回避情形的,有权向公安司法机关提出申请,要求他们回避。(3)指令回避,即应当回避的人员，本人没有自行回避，当事人和法定代理人也没有申请其回避的，其所在部门的负责人可以决定其回避。

◆ **第三十条　办案人员行为之禁止**

　　审判人员、检察人员、侦查人员不得接受当事人及其委托的人的请客送礼，不得违反规定会见当事人及其委托的人。

　　审判人员、检察人员、侦查人员违反前款规定的，应当依法追究法律责任。当事人及其法定代理人有权要求他们回避。

实用问答

公安机关负责人、侦查人员在办理案件过程中不得有哪些行为？

答：根据《公安机关办理刑事案件程序规定》第33条的规定，公安机关负责人、侦查人员不得有下列行为：（1）违反规定会见该案当事人及其委托人；（2）索取、接受该案当事人及其委托人的财物或者其他利益；（3）接受该案当事人及其委托人的宴请，或者参加由其支付费用的活动；（4）其他可能影响案件公正办理的不正当行为。违反前述规定的，应当责令其回避并依法追究法律责任。当事人及其法定代理人有权要求其回避。

◆ **第三十一条　回避的决定及效力**

　　审判人员、检察人员、侦查人员的回避，应当分别由院长、检察长、公安机关负责人决定；院长的回避，由本院审判委员会决定；检察长和公安机关负责人的回避，由同级人民检察院检察委员会决定。

　　对侦查人员的回避作出决定前，侦查人员不能停止对案件的侦查。

对驳回申请回避的决定，当事人及其法定代理人可以申请复议一次。

◆ **第三十二条　其他人员的回避**

本章关于回避的规定适用于书记员、翻译人员和鉴定人。

辩护人、诉讼代理人可以依照本章的规定要求回避、申请复议。

第四章 辩护与代理

◆ **第三十三条 自行辩护与委托辩护**

犯罪嫌疑人、被告人除自己行使辩护权以外,还可以委托一至二人作为辩护人。下列的人可以被委托为辩护人:
(一)律师;
(二)人民团体或者犯罪嫌疑人、被告人所在单位推荐的人;
(三)犯罪嫌疑人、被告人的监护人、亲友。
正在被执行刑罚或者依法被剥夺、限制人身自由的人,不得担任辩护人。
被开除公职和被吊销律师、公证员执业证书的人,不得担任辩护人,但系犯罪嫌疑人、被告人的监护人、近亲属的除外。

实用问答

哪些人员不得担任辩护人?

答:根据《最高人民法院关于适用〈中华人民共和国刑事诉讼法〉的解释》第40条的规定,人民法院审判案件,应当充分保障被告人依法享有的辩护权利。被告人除自己行使辩护权以外,还可以委托辩护人辩护。下列人员不得担任辩护人:(1)正在被执行刑罚或者处于缓刑、假释考验期间的人;(2)依法被剥夺、限制人身自由的人;(3)被开除公职或者被吊销律师、公证员执业证书的人;(4)人民法院、人民检察院、监察机关、公安机关、国家安全机关、监狱的现职人员；(5) 人民陪审员；(6) 与该案审理结果有利害关系的人；(7) 外国人或者无国籍人；(8) 无行为能力或者限制行为能力的人。上述第 3 项至第 7 项规定的人员，如果是被告人的监护人、近亲属，由被告人委托担任辩护人的，可以准许。

典型案例

刘某高、刘某贵贩卖、运输毒品案[①]

裁判要旨： 一名辩护人不得为两名以上的同案被告人辩护，不能仅仅理解为不得在同一案件的同一诉讼程序中同时为两名以上同案被告人辩护，即使是在同一案件的不同审级中，这一限制性规定也同样应当适用。对于"犯罪事实存在关联的被告人"的范围，应当尽量作宽泛的理解，如恐怖组织、黑社会性质组织的参加者，其行为与集团组织指挥者实施的具体犯罪可能并无关联，但由于其系该集团的参加者，仍应当认定为"犯罪事实存在关联的被告人"。部分下游型犯罪，如洗钱、帮助毁灭、伪造证据、窝藏、包庇、掩饰、隐瞒犯罪所得、犯罪收益等犯罪，虽然与上游犯罪不构成共犯，且完全属于两种不同性质的犯罪，但犯罪事实之间仍然存在一定关联，也应当适用上述规定。

◆ **第三十四条　委托辩护人的时间**

犯罪嫌疑人自被侦查机关<u>第一次讯问</u>或者采取强制措施之日起，有权委托辩护人；在<u>侦查</u>期间，只能委托<u>律师</u>作为辩护人。

---

① 参见《刑事审判参考》总第 96 集第 956 号案例。

被告人有权随时委托辩护人。

　　侦查机关在第一次讯问犯罪嫌疑人或者对犯罪嫌疑人采取强制措施的时候，应当告知犯罪嫌疑人有权委托辩护人。人民检察院自收到移送审查起诉的案件材料之日起三日以内，应当告知犯罪嫌疑人有权委托辩护人。人民法院自受理案件之日起三日以内，应当告知被告人有权委托辩护人。犯罪嫌疑人、被告人在押期间要求委托辩护人的，人民法院、人民检察院和公安机关应当及时转达其要求。

　　犯罪嫌疑人、被告人在押的，也可以由其监护人、近亲属代为委托辩护人。

　　辩护人接受犯罪嫌疑人、被告人委托后，应当及时告知办案件的机关。

实用问答

被告人没有委托辩护人的，人民法院应当怎样保护被告人的权利？

答：根据《最高人民法院关于适用〈中华人民共和国刑事诉讼法〉的解释》第44条的规定，被告人没有委托辩护人的，人民法院自受理案件之日起3日以内，应当告知其有权委托辩护人；被告人因经济困难或者其他原因没有委托辩护人的，应当告知其可以申请法律援助；被告人属于应当提供法律援助情形的，应当告知其将依法通知法律援助机构指派律师为其提供辩护。被告人没有委托辩护人，法律援助机构也没有指派律师为其提供辩护的，人民法院应当告知被告人有权约见值班律师，并为被告人约见值班律师提供便利。告知可以采取口头或者书面方式。

◆ **第三十五条　指定辩护**

犯罪嫌疑人、被告人因经济困难或者其他原因没有委托辩护人的，本人及其近亲属可以向法律援助机构提出申请。对符合法律援助条件的，法律援助机构应当指派律师为其提供辩护。

犯罪嫌疑人、被告人是盲、聋、哑人，或者是尚未完全丧失辨认或者控制自己行为能力的精神病人，没有委托辩护人的，人民法院、人民检察院和公安机关应当通知法律援助机构指派律师为其提供辩护。

犯罪嫌疑人、被告人可能被判处无期徒刑、死刑，没有委托辩护人的，人民法院、人民检察院和公安机关应当通知法律援助机构指派律师为其提供辩护。

名词解释

法律援助，是指由国家、社会来承担对犯罪嫌疑人、被告人在法律上的帮助，当他们需要辩护人但由于种种原因未委托辩护人时，如果符合法律援助条件，则无偿地为其提供律师的帮助。

实用问答

1. 被告人没有委托辩护人的，人民法院何时可以通知法律援助机构指派律师为其提供辩护？

答： 根据《最高人民法院关于适用〈中华人民共和国刑事诉讼法〉的解释》第48条的规定，具有下列情形之一，被告人没有委托辩护人的，人民法院可以通知法律援助机构指派律师为其提供辩护：（1）共同犯罪案件中，其他被告人已经委托辩护人的；（2）案件有重大社会影响的；（3）人民检察院抗诉的；（4）被告人的行为可能不构成犯罪的；（5）有必要指派律师提供辩护的其他情形。

2. 哪些刑事案件的犯罪嫌疑人、被告人没有委托辩护人的，人民法院、人民检察院、公安机关应当通知法律援助机构指派律师担任辩护人？

答：根据《法律援助法》第 25 条的规定，刑事案件的犯罪嫌疑人、被告人属于下列人员之一，没有委托辩护人的，人民法院、人民检察院、公安机关应当通知法律援助机构指派律师担任辩护人：（1）未成年人；（2）视力、听力、言语残疾人；（3）不能完全辨认自己行为的成年人；（4）可能被判处无期徒刑、死刑的人；（5）申请法律援助的死刑复核案件被告人；（6）缺席审判案件的被告人；（7）法律法规规定的其他人员。其他适用普通程序审理的刑事案件，被告人没有委托辩护人的，人民法院可以通知法律援助机构指派律师担任辩护人。

◆ **第三十六条　值班律师**

法律援助机构可以在人民法院、看守所等场所派驻值班律师。犯罪嫌疑人、被告人没有委托辩护人，法律援助机构没有指派律师为其提供辩护的，由值班律师为犯罪嫌疑人、被告人提供法律咨询、程序选择建议、申请变更强制措施、对案件处理提出意见等法律帮助。

人民法院、人民检察院、看守所应当告知犯罪嫌疑人、被告人有权约见值班律师，并为犯罪嫌疑人、被告人约见值班律师提供便利。

📄 **实用问答**

值班律师可以提供哪些法律帮助？

答： 根据《法律援助值班律师工作办法》第 6 条的规定，值班律师依法提供以下法律帮助：（1）提供法律咨询；（2）提供程序选择建议；（3）帮助犯罪嫌疑人、被告人申请变更强制措施；（4）对案件处理提出意见；（5）帮助犯罪嫌疑人、被告人及其近亲属申请法律援助；（6）法律法规规定的其他事项。值班律师在认罪认罚案件中，还应当提供以下法律帮助：（1）向犯罪嫌疑人、被告人释明认罪认罚的性质和法律规定；（2）对人民检察院指控罪名、量刑建议、诉讼程序适用等事项提出意见；（3）犯罪嫌疑人签署认罪认罚具结书时在场。值班律师办理案件时，可以应犯罪嫌疑人、被告人的约见进行会见，也可以经办案机关允许主动会见；自人民检察院对案件审查起诉之日起可以查阅案卷材料、了解案情。

◆ **第三十七条　辩护人的责任**

辩护人的责任是根据事实和法律，<u>提出犯罪嫌疑人、被告人无罪、罪轻或者减轻、免除其刑事责任的材料和意见</u>，维护犯罪嫌疑人、被告人的诉讼权利和其他合法权益。

✏️ **名词解释**

诉讼权利，是指刑事诉讼法和其他法律规定的，犯罪嫌疑人、被告人在刑事诉讼中享有的程序性的权利，如使用本民族语言文字进行诉讼的权利、申请回避的权利、拒绝回答与该案无关的问题的权利、申请变更强制措施的权利、申请通知新的证人到庭的权利、进行法庭辩论和最后陈述的权利、上诉的权利等。

◆ **第三十八条　辩护律师侦查期间的权利**

辩护律师在侦查期间可以为犯罪嫌疑人提供法律帮助；代理申诉、控告；申请变更强制措施；向侦查机关了解犯罪嫌疑人涉嫌的罪名和案件有关情况，提出意见。

◆ **第三十九条　辩护人会见通信权**

辩护律师可以同在押的犯罪嫌疑人、被告人会见和通信。其他辩护人经人民法院、人民检察院许可，也可以同在押的犯罪嫌疑人、被告人会见和通信。

辩护律师持律师执业证书、律师事务所证明和委托书或者法律援助公函要求会见在押的犯罪嫌疑人、被告人的，看守所应当及时安排会见，至迟不得超过四十八小时。

危害国家安全犯罪、恐怖活动犯罪案件，在侦查期间辩护律师会见在押的犯罪嫌疑人，应当经侦查机关许可。上述案件，侦查机关应当事先通知看守所。

辩护律师会见在押的犯罪嫌疑人、被告人，可以了解案件有关情况，提供法律咨询等；自案件移送审查起诉之日起，可以向犯罪嫌疑人、被告人核实有关证据。辩护律师会见犯罪嫌疑人、被告人时不被监听。

辩护律师同被监视居住的犯罪嫌疑人、被告人会见、通信，适用第一款、第三款、第四款的规定。

◆ **第四十条　辩护人查阅、摘抄、复制权**

辩护律师自人民检察院对案件审查起诉之日起，可以查阅、摘抄、复制本案的案卷材料。其他辩护人经人民法院、人民检察院许可，也可以查阅、摘抄、复制上述材料。

实用问答

辩护人阅卷的范围包括哪些？

答：辩护人阅卷的范围包括该案的案卷材料，即侦查机关移送人民检察院和人民检察院移送人民法院的案卷中的各种材料，包括其中的证明犯罪嫌疑人、被告人是否有罪、犯罪情节轻重的所有证据材料、诉讼文书等。

◆ 第四十一条　辩护人申请调取证据权

辩护人认为在侦查、审查起诉期间公安机关、人民检察院收集的证明犯罪嫌疑人、被告人无罪或者罪轻的证据材料未提交的，有权申请人民检察院、人民法院调取。

◆ 第四十二条　辩护人证据展示义务

辩护人收集的有关犯罪嫌疑人不在犯罪现场、未达到刑事责任年龄、属于依法不负刑事责任的精神病人的证据，应当及时告知公安机关、人民检察院。

◆ 第四十三条　律师调查取证权

辩护律师经证人或者其他有关单位和个人同意，可以向他们收集与本案有关的材料，也可以申请人民检察院、人民法院收集、调取证据，或者申请人民法院通知证人出庭作证。

辩护律师经人民检察院或者人民法院许可，并且经被害人或者其近亲属、被害人提供的证人同意，可以向他们收集与本案有关的材料。

◆ 第四十四条　辩护人行为禁止

辩护人或者其他任何人，不得帮助犯罪嫌疑人、被告人隐匿、毁灭、伪造证据或者串供，不得威胁、引诱证人作伪证以及进行其他干扰司法机关诉讼活动的行为。

违反前款规定的，应当依法追究法律责任，辩护人涉嫌犯罪的，应当由办理辩护人所承办案件的侦查机关以外的侦查机关办理。辩护人是律师的，应当及时通知其所在的律师事务所或者所属的律师协会。

◆ 第四十五条　被告人拒绝与更换辩护人

在审判过程中，被告人可以拒绝辩护人继续为他辩护，也可以另行委托辩护人辩护。

实用问答

被告人拒绝辩护应当如何处理？

答：根据《最高人民法院关于适用〈中华人民共和国刑事诉讼法〉的解释》第311条的规定，被告人在一个审判程序中更换辩护人一般不得超过两次。被告人当庭拒绝辩护人辩护，要求另行委托辩护人或者指派律师的，合议庭应当准许。被告人拒绝辩护人辩护后，没有辩护人的，应当宣布休庭；仍有辩护人的，庭审可以继续进行。有多名被告人的案件，部分被告人拒绝辩护人辩护后，没有辩护人的，根据案件情况，可以对该部分被告人另案处理，对其他被告人的庭审继续进行。重新开庭后，被告人再次当庭拒绝辩护人辩护的，可以准许，但被告人不得再次另行委托辩护人或者要求另行指派律师，由其自行辩护。被告人属于应当提供法律援助的情形，重新开庭后再次当庭拒绝辩护人辩护的，不予准许。

◆ 第四十六条　诉讼代理

公诉案件的被害人及其法定代理人或者近亲属，附带民事诉讼的当事人及其法定代理人，自案件移送审查起诉之日起，有权委托诉讼代理人。自诉案件的自诉人及其法定代理人，附带民事诉讼的当事人及其法定代理人，有权随时委托诉讼代理人。

人民检察院自收到移送审查起诉的案件材料之日起三日以内，应当告知被害人及其法定代理人或者其近亲属、附带民事诉讼的当事人及其法定代理人有权委托诉讼代理人。人民法院自受理自诉案件之日起三日以内，应当告知自诉人及其法定代理人、附带民事诉讼的当事人及其法定代理人有权委托诉讼代理人。

📝 名词解释

刑事诉讼代理，是指在刑事诉讼中，代理人接受公诉案件的被害人及其法定代理人或者近亲属、自诉案件的自诉人及其法定代理人、附带民事诉讼的当事人及其法定代理人的委托，在委托授权范围内以被代理人的名义参加诉讼，由被代理人承担代理行为法律后果的一项诉讼活动。

◆ 第四十七条　诉讼代理人的范围

委托诉讼代理人，参照本法第三十三条的规定执行。

◆ **第四十八条　辩护律师的保密义务**

辩护律师对在执业活动中知悉的委托人的有关情况和信息，有权予以保密。但是，辩护律师在执业活动中知悉委托人或者其他人，准备或者正在实施危害国家安全、公共安全以及严重危害他人人身安全的犯罪的，应当及时告知司法机关。

◆ **第四十九条　辩护人、诉讼代理人申诉控告权**

辩护人、诉讼代理人认为公安机关、人民检察院、人民法院及其工作人员阻碍其依法行使诉讼权利的，有权向同级或者上一级人民检察院申诉或者控告。人民检察院对申诉或者控告应当及时进行审查，情况属实的，通知有关机关予以纠正。

第五章 证 据

◆ **第五十条　证据及种类**

可以用于证明案件事实的材料，都是证据。

证据包括：

（一）物证；

（二）书证；

（三）证人证言；

（四）被害人陈述；

（五）犯罪嫌疑人、被告人供述和辩解；

（六）鉴定意见；

（七）勘验、检查、辨认、侦查实验等笔录；

（八）视听资料、电子数据。

证据必须经过查证属实，才能作为定案的根据。

名词解释

物证，是指与案件相关联，可以用于证明案件情况和犯罪嫌疑人、被告人情况的实物或者痕迹，如作案工具、现场遗留物、赃物、血迹、精斑、脚印等。

书证，是指能够以其内容证明案件事实的文字、图案等资料，如合同、账本、同案人之间有联络犯罪内容的书信等。

证人证言，是指了解案件情况的人就其了解的案件情况所作的陈述。

被害人陈述，是指直接受犯罪行为侵害的人，就案件的情况所作的陈述。

犯罪嫌疑人、被告人供述和辩解，是指犯罪嫌疑人、被告人就案件情况所作的陈述，既包括承认自己有罪的人对自己犯罪情况的供述，也包括声称自己无罪或者罪轻的辩解。

鉴定意见，是指有专门知识的鉴定人对案件中的专门性问题进行鉴定后提出的书面意见，如法医鉴定报告、指纹鉴定报告、血迹鉴定报告等。鉴定的结果不是最终结论，仍然要经过司法机关结合全案情况和其他证据进行审查判断，查证属实之后，才能作为定案的根据。

勘验、检查笔录，是指侦查人员对与犯罪有关的场所、物品、人身、尸体等进行现场勘验、检查所作的记录。

辨认笔录，是指侦查人员让被害人、犯罪嫌疑人或者证人对与犯罪有关的物品、文件、尸体、场所或者犯罪嫌疑人进行辨认所作的记录。

侦查实验笔录，是指侦查人员在必要的时候按照某一事件发生时的环境、条件，进行实验性重演的侦查活动形成的笔录。侦查机关依法进行其他侦查活动形成的笔录，也可以作为证据。

视听资料，是指载有与案件相关内容的录像、录音材料等。

电子数据，是指与案件事实有关的电子邮件、网上聊天记录、电子签名、访问记录等电子形式的证据。

实用问答

哪些案件事实应当运用证据证明？

答：根据《最高人民法院关于适用〈中华人民共和国刑事诉讼法〉的解释》第72条的规定，应当运用证据证明的案件事实包括：

(1) 被告人、被害人的身份；(2) 被指控的犯罪是否存在；(3) 被指控的犯罪是否为被告人所实施；(4) 被告人有无刑事责任能力，有无罪过，实施犯罪的动机、目的；(5) 实施犯罪的时间、地点、手段、后果以及案件起因等；(6) 是否系共同犯罪或者犯罪事实存在关联，以及被告人在犯罪中的地位、作用；(7) 被告人有无从重、从轻、减轻、免除处罚情节；(8) 有关涉案财物处理的事实；(9) 有关附带民事诉讼的事实；(10) 有关管辖、回避、延期审理等的程序事实；(11) 与定罪量刑有关的其他事实。认定被告人有罪和对被告人从重处罚，适用证据确实、充分的证明标准。

◆ 第五十一条　举证责任

公诉案件中被告人有罪的举证责任由人民检察院承担，自诉案件中被告人有罪的举证责任由自诉人承担。

📝 **名词解释**

举证责任，是指诉讼当事人对自己主张的事实提出证据加以证明的责任。

◆ 第五十二条　证据的收集

审判人员、检察人员、侦查人员必须依照法定程序，收集能够证实犯罪嫌疑人、被告人有罪或者无罪、犯罪情节轻重的各种证据。严禁刑讯逼供和以威胁、引诱、欺骗以及其他非法方法收集证据，不得强迫任何人证实自己有罪。必须保证一切与案件有关或者了解案情的公民，有客观地充分地提供证据的条件，除特殊情况外，可以吸收他们协助调查。

名词解释

收集证据，是指相关机关根据法律规定的范围和程序，发现、提取、固定、检验和保管与案件有关的证据材料的诉讼活动。

◆ 第五十三条　办案机关法律文书的证据要求

公安机关提请批准逮捕书、人民检察院起诉书、人民法院判决书，必须忠实于事实真象。故意隐瞒事实真象的，应当追究责任。

◆ 第五十四条　取证主体、对象及妨碍取证的法律责任

人民法院、人民检察院和公安机关有权向有关单位和个人收集、调取证据。有关单位和个人应当如实提供证据。

行政机关在行政执法和查办案件过程中收集的物证、书证、视听资料、电子数据等证据材料，在刑事诉讼中可以作为证据使用。

对涉及国家秘密、商业秘密、个人隐私的证据，应当保密。

凡是伪造证据、隐匿证据或者毁灭证据的，无论属于何方，必须受法律追究。

◆ 第五十五条　重调查、不轻信口供

对一切案件的判处都要重证据，重调查研究，不轻信口供。只有被告人供述，没有其他证据的，不能认定被告人有罪和处以刑罚；没有被告人供述，证据确实、充分的，可以认定被告人有罪和处以刑罚。

证据确实、充分，应当符合以下条件：

> （一）定罪量刑的事实都有证据证明；
> （二）据以定案的证据均经法定程序查证属实；
> （三）综合全案证据，对所认定事实已排除合理怀疑。

实用问答

没有直接证据，但间接证据同时符合哪些条件的，可以认定被告人有罪？

答：根据《最高人民法院关于适用〈中华人民共和国刑事诉讼法〉的解释》第 140 条的规定，没有直接证据，但间接证据同时符合下列条件的，可以认定被告人有罪：（1）证据已经查证属实；（2）证据之间相互印证，不存在无法排除的矛盾和无法解释的疑问；（3）全案证据形成完整的证据链；（4）根据证据认定案件事实足以排除合理怀疑，结论具有唯一性；（5）运用证据进行的推理符合逻辑和经验。

典型案例

黄某强贪污案[①]

裁判要旨： 应用排除合理怀疑这一刑事诉讼证明标准时，需要从以下三个方面来把握：（1）强调怀疑的合理性。合理怀疑，是指一个正常人凭借理性、生活经验、常识对被告人的犯罪事实产生的怀疑。这种怀疑不是毫无根据的推测或者幻想。（2）排除合理怀疑要求法官内心确信所指控的犯罪事实成立。（3）排除合理怀疑并非

---

① 参见《刑事审判参考》总第 92 集第 871 号案例。

要求达到绝对确定的程度。在很多情况下，即使待证事实的部分细节尚未弄清，只要对这些部分的疑问不致影响到待证事实本身的证明度，则这种疑问不属合理怀疑。

王某宝危险驾驶案①

裁判要旨： 对于未被当场查获的被告人"零口供"的危险驾驶案件，除了通过审查判断直接证据、间接证据外，还应结合现有证据对被告人的无罪辩解进行综合分析判断，从而进一步加强内心确信。

余某平、余某成被控故意杀人案②

裁判要旨： 对证据"充分"的把握，不仅强调孤证不能定案，而且要求全案证据对于待证事实要达到"充分"的程度，以及证据之间能够互相印证，构成完整的证据体系，得出唯一的证明结论。不仅在证据的数量上，更重要的是证据的实质证明力要足以证明犯罪事实。在死刑案件中，对"证据确实、充分"的把握更要严格和慎重，既要每一个待证事实均应有相应的证据予以证实，同时，每一个待证事实的证据也均应达到确实、充分的程度。

◆ **第五十六条　非法证据排除规则**

采用刑讯逼供等非法方法收集的犯罪嫌疑人、被告人供述和采用暴力、威胁等非法方法收集的证人证言、被害人陈述，应当

---

① 参见《刑事审判参考》总第94集第903号案例。
② 参见《刑事审判参考》总第57集第449号案例。

予以排除。收集物证、书证不符合法定程序，可能严重影响司法公正的，应当予以补正或者作出合理解释；不能补正或者作出合理解释的，对该证据应当予以排除。

在侦查、审查起诉、审判时发现有应当排除的证据的，应当依法予以排除，不得作为起诉意见、起诉决定和判决的依据。

实用问答

1. 采用哪些非法方法收集的被告人供述，应当予以排除？

答：根据《最高人民法院关于适用〈中华人民共和国刑事诉讼法〉的解释》第123条的规定，采用下列非法方法收集的被告人供述，应当予以排除：（1）采用殴打、违法使用戒具等暴力方法或者变相肉刑的恶劣手段，使被告人遭受难以忍受的痛苦而违背意愿作出的供述；（2）采用以暴力或者严重损害本人及其近亲属合法权益等相威胁的方法，使被告人遭受难以忍受的痛苦而违背意愿作出的供述；（3）采用非法拘禁等非法限制人身自由的方法收集的被告人供述。

2. 采用刑讯逼供方法使被告人作出供述，之后被告人受该刑讯逼供行为影响而作出的与该供述相同的重复性供述，应当一并排除，但哪些情形除外？

答：根据《最高人民法院关于适用〈中华人民共和国刑事诉讼法〉的解释》第124条的规定，采用刑讯逼供方法使被告人作出供述，之后被告人受该刑讯逼供行为影响而作出的与该供述相同的重复性供述，应当一并排除，但下列情形除外：（1）调查、侦查期间，监察机关、侦查机关根据控告、举报或者自己发现等，确认或者不能排除以非法方法收集证据而更换调查、侦查人员，其他调查、侦查人员再次讯问时告知有关权利和认罪的法律后果，被告人自愿供述的；（2）审查逮捕、审查起诉和审判期间，检察人员、审判人员讯问时告知诉讼权利和认罪的法律后果，被告人自愿供述的。

◆ 第五十七条　检察机关调查核实排除非法证据职责

人民检察院接到报案、控告、举报或者发现侦查人员以非法方法收集证据的，应当进行调查核实。对于确有以非法方法收集证据情形的，应当提出纠正意见；构成犯罪的，依法追究刑事责任。

名词解释

报案，是指群众向检察机关报告侦查人员有非法取证的行为。

控告，是指权利受到非法取证行为侵害的当事人向检察机关告诉的行为。

举报，是指当事人以外的其他知情人向检察机关检举、揭发侦查人员有非法取证的行为。

◆ 第五十八条　非法证据调查程序

法庭审理过程中，审判人员认为可能存在本法第五十六条规定的以非法方法收集证据情形的，应当对证据收集的合法性进行法庭调查。

当事人及其辩护人、诉讼代理人有权申请人民法院对以非法方法收集的证据依法予以排除。申请排除以非法方法收集的证据的，应当提供相关线索或者材料。

实用问答

1. 人民法院对于非法证据的调查方式有哪些？

答：人民法院对于非法证据的调查方式包括以下两种：（1）审判人员依职权调查，即审判人员认为可能存在《刑事诉讼法》第56条规定的以非法方法收集证据的情形的，应当主动启动程序对证据收集的合法性进行调查；（2）依申请调查，即辩护人在开庭审理前或者庭审中，提出被告人审判前供述是非法取得的，法庭在公诉人宣读起诉书之后，应当进行当庭调查。

2. 第二审人民法院何时应当对证据收集的合法性进行审查并作出处理？

答：根据《最高人民法院关于适用〈中华人民共和国刑事诉讼法〉的解释》第138条的规定，具有下列情形之一的，第二审人民法院应当对证据收集的合法性进行审查，并根据刑事诉讼法和该解释的有关规定作出处理：（1）第一审人民法院对当事人及其辩护人、诉讼代理人排除非法证据的申请没有审查，且以该证据作为定案根据的；（2）人民检察院或者被告人、自诉人及其法定代理人不服第一审人民法院作出的有关证据收集合法性的调查结论，提出抗诉、上诉的；（3）当事人及其辩护人、诉讼代理人在第一审结束后才发现相关线索或者材料，申请人民法院排除非法证据的。

◆ 第五十九条　证据合法性证明

在对证据收集的合法性进行法庭调查的过程中，人民检察院应当对证据收集的合法性加以证明。

现有证据材料不能证明证据收集的合法性的，人民检察院可以提请人民法院通知有关侦查人员或者其他人员出庭说明情况；

人民法院可以通知有关侦查人员或者其他人员出庭说明情况。有关侦查人员或者其他人员也可以要求出庭说明情况。经人民法院通知，有关人员应当出庭。

◆ **第六十条　严格排除原则**

对于经过法庭审理，确认或者不能排除存在本法第五十六条规定的以非法方法收集证据情形的，对有关证据应当予以排除。

◆ **第六十一条　证言的审查判断**

证人证言必须在法庭上经过公诉人、被害人和被告人、辩护人双方质证并且查实以后，才能作为定案的根据。法庭查明证人有意作伪证或者隐匿罪证的时候，应当依法处理。

实用问答

作伪证主要有哪些方式？

答：作伪证主要有以下两种方式：（1）歪曲事实，没有提供案件的真实情况，如在行为、时间、重要情节等方面作虚假陈述；（2）捏造事实，包括通过诬陷无罪的人有犯罪行为，或者为有罪的人开脱。

> 典型案例

陈某军故意伤害案[①]

裁判要旨： 对证人证言的审查包括对证据能力和证明力的认证，然后决定采信与否。对证人证言的证据能力的审查主要包括审查证人证言的来源是否真实，证人是否有作证能力，证言的取得程序、方式是否合法。对证人证言证明力的审查，主要包括审查证人与案件有无利害关系，证人证言与其他证据之间能否印证、有无矛盾。该案有多名证人，但只有一名证人刘某作证称看到被告人持镐把击打被害人，其他都属于间接证据，其证言对被告人是否有罪具有重大影响。刘某的证言系其直接感知，刘某作证时具有作证能力，且没有证据表明其证言的取得程序违法，其证言具有证据能力。但其证言的证明力很弱，不足采信，理由是：（1）刘某是除被告人之外犯罪嫌疑最大的人，与该案有利害关系。（2）刘某的证言与其他证据之间存在矛盾。也得不到其他在场证人的证言的印证。（3）刘某的证言前后不一致。其在侦查期间从第4次证言才开始称看见被告人用镐把打一个人头部，且描述得越来越详细，不符合先清晰后模糊的记忆规律。

该案除刘某之外的证据均是间接证据，但这些间接证据无法形成完整的证据链，所得出的结论不具有唯一性、排他性：（1）第一作案现场不能确定；（2）作案工具无法确认；（3）有一些疑点尚未得到合理解释。现场勘查发现，被害人的足印在西边第二列纸箱顶部及下层纸箱上，但其为何要去西边库房，为何要爬上叠放的纸箱

[①] 参见《刑事审判参考》总第77集第656号案例。

子？被害人的尸体在仓库内西侧靠墙处，为何其手机在院内矮墙处被发现？现场仓库有很多灰尘，为何除被害人的足迹外，没有其他人的足迹？这些疑问都没有得到合理的解释和排除。现有证据无法锁定系被告人实施了故意伤害被害人的行为，证据达不到定罪所要求的确实、充分的程度。法院应当作出证据不足、指控的犯罪不能成立的无罪判决。

◆ 第六十二条　证人的资格与义务

凡是知道案件情况的人，都有作证的义务。

生理上、精神上有缺陷或者年幼，不能辨别是非、不能正确表达的人，不能作证人。

◆ 第六十三条　证人及其近亲属的保护

人民法院、人民检察院和公安机关应当保障证人及其近亲属的安全。

对证人及其近亲属进行威胁、侮辱、殴打或者打击报复，构成犯罪的，依法追究刑事责任；尚不够刑事处罚的，依法给予治安管理处罚。

名词解释

威胁，是指以将要实行暴力或者其他非法行为进行恐吓。

侮辱，是指在公众场合公然以言词、行为对他人人格、名誉进行诋毁、攻击。

殴打，是指以暴力对他人进行伤害。

> **实用问答**

对证人及其近亲属进行威胁、侮辱、殴打或者打击报复的，应当如何处理？

答： 根据《公安机关办理刑事案件程序规定》第 74 条的规定，公安机关应当保障证人及其近亲属的安全。对证人及其近亲属进行威胁、侮辱、殴打或者打击报复，构成犯罪的，依法追究刑事责任；尚不够刑事处罚的，依法给予治安管理处罚。

◆ 第六十四条　特殊保护措施

对于危害国家安全犯罪、恐怖活动犯罪、黑社会性质的组织犯罪、毒品犯罪等案件，证人、鉴定人、被害人因在诉讼中作证，本人或者其近亲属的人身安全面临危险的，人民法院、人民检察院和公安机关应当采取以下一项或者多项保护措施：

（一）不公开真实姓名、住址和工作单位等个人信息；

（二）采取不暴露外貌、真实声音等出庭作证措施；

（三）禁止特定的人员接触证人、鉴定人、被害人及其近亲属；

（四）对人身和住宅采取专门性保护措施；

（五）其他必要的保护措施。

证人、鉴定人、被害人认为因在诉讼中作证，本人或者其近亲属的人身安全面临危险的，可以向人民法院、人民检察院、公安机关请求予以保护。

人民法院、人民检察院、公安机关依法采取保护措施，有关单位和个人应当配合。

> **实用问答**

证人保护工作何时终止？

答：根据《公安机关办理刑事案件证人保护工作规定》第18条的规定，具有下列情形之一，不再需要采取证人保护措施的，经县级以上公安机关负责人批准，证人保护工作终止：（1）被保护人的人身安全危险消除的；（2）被保护人主动提出书面终止保护申请的；（3）证人有作虚假证明、诬告陷害或者其他不履行作证义务行为的；（4）证人不再具备证人身份的。证人保护工作终止的，应当及时告知被保护人和协助执行证人保护工作的部门。

◆ **第六十五条 证人作证补助制度**

证人因履行作证义务而支出的交通、住宿、就餐等费用，<u>应当给予补助</u>。证人作证的补助列入司法机关业务经费，由同级政府财政予以保障。

有工作单位的证人作证，所在单位<u>不得克扣或者变相克扣其工资</u>、奖金及其他福利待遇。

第六章 强制措施

◆ **第六十六条 拘传、取保候审、监视居住的概括性规定**

人民法院、人民检察院和公安机关根据案件情况，对犯罪嫌疑人、被告人可以拘传、取保候审或者监视居住。

名词解释

拘传，是指人民法院、人民检察院或公安机关为使犯罪嫌疑人、被告人及时到案接受讯问，对经合法传唤无正当理由拒不到案，或者根据案件情况应强制到案的犯罪嫌疑人、被告人所采取的一种强制措施。

实用问答

拘传被告人的最长时限是多久？

答：根据《最高人民法院关于适用〈中华人民共和国刑事诉讼法〉的解释》第149条的规定，拘传被告人，持续的时间不得超过12小时；案情特别重大、复杂，需要采取逮捕措施的，持续的时间不得超过24小时。不得以连续拘传的形式变相拘禁被告人。应当保证被拘传人的饮食和必要的休息时间。

◆ **第六十七条　取保候审的条件与执行**

人民法院、人民检察院和公安机关对有下列情形之一的犯罪嫌疑人、被告人，<u>可以取保候审</u>：

（一）可能判处管制、拘役或者独立适用附加刑的；

（二）可能判处有期徒刑以上刑罚，采取取保候审不致发生社会危险性的；

（三）患有严重疾病、生活不能自理，怀孕或者正在哺乳自己婴儿的妇女，采取取保候审不致发生社会危险性的；

（四）羁押期限届满，案件尚未办结，需要采取取保候审的。

取保候审<u>由公安机关执行</u>。

名词解释

取保候审，是指人民法院、人民检察院或公安机关责令犯罪嫌疑人、被告人缴纳保证金或提出保证人，并出具保证书，保证其不逃避或妨碍侦查、起诉和审判，并随传随到的一种强制措施。

实用问答

执行取保候审的派出所应当履行哪些职责？

答：根据《公安机关办理刑事案件程序规定》第93条的规定，执行取保候审的派出所应当履行下列职责：（1）告知被取保候审人必须遵守的规定，及其违反规定或者在取保候审期间重新犯罪应当承担的法律后果；（2）监督、考察被取保候审人遵守有关规定，及时掌握其活动、住址、工作单位、联系方式及变动情况；（3）监督保证人履行保证义务；（4）被取保候审人违反应当遵守的规定以及保证人未履行保证义务的，应当及时制止、采取紧急措施，同时告知决定机关。

> **第六十八条　取保候审的保证方式**
>
> 　　人民法院、人民检察院和公安机关决定对犯罪嫌疑人、被告人取保候审，应当责令犯罪嫌疑人、被告人提出保证人或者交纳保证金。

实用问答

对哪些被告人决定取保候审的，可以责令其提出保证人？

答：根据《最高人民法院关于适用〈中华人民共和国刑事诉讼法〉的解释》第151条的规定，对下列被告人决定取保候审的，可以责令其提出一至二名保证人：（1）无力交纳保证金的；（2）未成年或者已满75周岁的；（3）不宜收取保证金的其他被告人。

> **第六十九条　保证人的条件**
>
> 　　保证人必须符合下列条件：
> 　　（一）与本案无牵连；
> 　　（二）有能力履行保证义务；
> 　　（三）享有政治权利，人身自由未受到限制；
> 　　（四）有固定的住处和收入。

> **第七十条　保证人的义务及法律责任**
>
> 　　保证人应当履行以下义务：
> 　　（一）监督被保证人遵守本法第七十一条的规定；
> 　　（二）发现被保证人可能发生或者已经发生违反本法第七十

一条规定的行为的,应当及时向执行机关报告。

被保证人有违反本法第七十一条规定的行为,保证人未履行保证义务的,对保证人处以罚款,构成犯罪的,依法追究刑事责任。

实用问答

被告人被取保候审期间,保证人不愿继续履行保证义务或者丧失履行保证义务能力的,人民法院应当如何处理?

答:根据《最高人民法院关于适用〈中华人民共和国刑事诉讼法〉的解释》第155条的规定,被告人被取保候审期间,保证人不愿继续履行保证义务或者丧失履行保证义务能力的,人民法院应当在收到保证人的申请或者公安机关的书面通知后3日以内,责令被告人重新提出保证人或者交纳保证金,或者变更强制措施,并通知公安机关。

◆ 第七十一条 被取保候审人的义务

被取保候审的犯罪嫌疑人、被告人应当遵守以下规定:

(一)未经执行机关批准不得离开所居住的市、县;

(二)住址、工作单位和联系方式发生变动的,在二十四小时以内向执行机关报告;

(三)在传讯的时候及时到案;

(四)不得以任何形式干扰证人作证;

(五)不得毁灭、伪造证据或者串供。

人民法院、人民检察院和公安机关可以根据案件情况,责令被取保候审的犯罪嫌疑人、被告人遵守以下一项或者多项规定:

（一）不得进入特定的场所；

（二）不得与特定的人员会见或者通信；

（三）不得从事特定的活动；

（四）将护照等出入境证件、驾驶证件交执行机关保存。

被取保候审的犯罪嫌疑人、被告人违反前两款规定，已交纳保证金的，没收部分或者全部保证金，并且区别情形，责令犯罪嫌疑人、被告人具结悔过，重新交纳保证金、提出保证人，或者监视居住、予以逮捕。

对违反取保候审规定，需要予以逮捕的，可以对犯罪嫌疑人、被告人先行拘留。

实用问答

犯罪嫌疑人有违反取保候审规定的行为，人民检察院该如何处理？

答：根据《人民检察院刑事诉讼规则》第101条第1款和第2款的规定，犯罪嫌疑人有下列违反取保候审规定的行为，人民检察院应当对犯罪嫌疑人予以逮捕：（1）故意实施新的犯罪；（2）企图自杀、逃跑；（3）实施毁灭、伪造证据，串供或者干扰证人作证，足以影响侦查、审查起诉工作正常进行；（4）对被害人、证人、鉴定人、举报人、控告人及其他人员实施打击报复。犯罪嫌疑人有下列违反取保候审规定的行为，人民检察院可以对犯罪嫌疑人予以逮捕：（1）未经批准，擅自离开所居住的市、县，造成严重后果，或者两次未经批准，擅自离开所居住的市、县；（2）经传讯不到案，造成严重后果，或者经两次传讯不到案；（3）住址、工作单位和联系方式发生变动，未在24小时以内向公安机关报告，造成严重后果;(4)违反规定进入特定场所、与特定人员会见或者通信、从事特定活动,严重妨碍诉讼程序正常进行。

◆ 第七十二条 保证金的确定及缴纳

取保候审的决定机关应当综合考虑保证诉讼活动正常进行的需要,被取保候审人的社会危险性,案件的性质、情节,可能判处刑罚的轻重,被取保候审人的经济状况等情况,确定保证金的数额。

提供保证金的人应当将保证金存入执行机关指定银行的专门账户。

◆ 第七十三条 退还保证金

犯罪嫌疑人、被告人在取保候审期间未违反本法第七十一条规定的,取保候审结束的时候,凭解除取保候审的通知或者有关法律文书到银行领取退还的保证金。

◆ 第七十四条 监视居住的情形

人民法院、人民检察院和公安机关对符合逮捕条件,有下列情形之一的犯罪嫌疑人、被告人,可以监视居住:

(一)患有严重疾病、生活不能自理的;

(二)怀孕或者正在哺乳自己婴儿的妇女;

(三)系生活不能自理的人的唯一扶养人;

(四)因为案件的特殊情况或者办理案件的需要,采取监视居住措施更为适宜的;

(五)羁押期限届满,案件尚未办结,需要采取监视居住措施的。

对符合取保候审条件，但犯罪嫌疑人、被告人不能提出保证人，也不交纳保证金的，可以监视居住。

监视居住由公安机关执行。

📝 名词解释

监视居住，是指人民法院、人民检察院或公安机关为防止犯罪嫌疑人、被告人逃避侦查、起诉和审判，而限定其活动区域和住所，监视其行动的一种强制措施。

◆ 第七十五条　监视居住的执行

监视居住应当在犯罪嫌疑人、被告人的住处执行；无固定住处的，可以在指定的居所执行。对于涉嫌危害国家安全犯罪、恐怖活动犯罪，在住处执行可能有碍侦查的，经上一级公安机关批准，也可以在指定的居所执行。但是，不得在羁押场所、专门的办案场所执行。

指定居所监视居住的，除无法通知的以外，应当在执行监视居住后二十四小时以内，通知被监视居住人的家属。

被监视居住的犯罪嫌疑人、被告人委托辩护人，适用本法第三十四条的规定。

人民检察院对指定居所监视居住的决定和执行是否合法实行监督。

◆ **第七十六条 监视居住期限的折抵**

指定居所监视居住的期限应当折抵刑期。被判处管制的，监视居住一日折抵刑期一日；被判处拘役、有期徒刑的，监视居住二日折抵刑期一日。

◆ **第七十七条 被监视居住人的义务**

被监视居住的犯罪嫌疑人、被告人应当遵守以下规定：
（一）未经执行机关批准不得离开执行监视居住的处所；
（二）未经执行机关批准不得会见他人或者通信；
（三）在传讯的时候及时到案；
（四）不得以任何形式干扰证人作证；
（五）不得毁灭、伪造证据或者串供；
（六）将护照等出入境证件、身份证件、驾驶证件交执行机关保存。

被监视居住的犯罪嫌疑人、被告人违反前款规定，情节严重的，可以予以逮捕；需要予以逮捕的，可以对犯罪嫌疑人、被告人先行拘留。

◆ **第七十八条 监视居住监控方式**

执行机关对被监视居住的犯罪嫌疑人、被告人，可以采取电子监控、不定期检查等监视方法对其遵守监视居住规定的情况进行监督；在侦查期间，可以对被监视居住的犯罪嫌疑人的通信进行监控。

◆ **第七十九条 取保候审和监视居住的期限及解除**

人民法院、人民检察院和公安机关对犯罪嫌疑人、被告人取保候审最长不得超过十二个月，监视居住最长不得超过六个月。

在取保候审、监视居住期间，不得中断对案件的侦查、起诉和审理。对于发现不应当追究刑事责任或者取保候审、监视居住期限届满的，应当及时解除取保候审、监视居住。解除取保候审、监视居住，应当及时通知被取保候审、监视居住人和有关单位。

◆ **第八十条 逮捕的权限划分**

逮捕犯罪嫌疑人、被告人，必须经过人民检察院批准或者人民法院决定，由公安机关执行。

◆ **第八十一条 逮捕的条件**

对有证据证明有犯罪事实，可能判处徒刑以上刑罚的犯罪嫌疑人、被告人，采取取保候审尚不足以防止发生下列社会危险性的，应当予以逮捕：

（一）可能实施新的犯罪的；

（二）有危害国家安全、公共安全或者社会秩序的现实危险的；

（三）可能毁灭、伪造证据，干扰证人作证或者串供的；

（四）可能对被害人、举报人、控告人实施打击报复的；

（五）企图自杀或者逃跑的。

批准或者决定逮捕，应当将犯罪嫌疑人、被告人涉嫌犯罪的性质、情节、认罪认罚等情况，作为是否可能发生社会危险性的考虑因素。

> 对有证据证明有犯罪事实，可能判处十年有期徒刑以上刑罚的，或者有证据证明有犯罪事实，可能判处徒刑以上刑罚，曾经故意犯罪或者身份不明的，应当予以逮捕。
>
> 被取保候审、监视居住的犯罪嫌疑人、被告人违反取保候审、监视居住规定，情节严重的，可以予以逮捕。

实用问答

1. 可以认定犯罪嫌疑人"可能实施新的犯罪"的情形有哪些？

答：根据《人民检察院刑事诉讼规则》第 129 条的规定，犯罪嫌疑人具有下列情形之一的，可以认定为"可能实施新的犯罪"：（1）案发前或者案发后正在策划、组织或者预备实施新的犯罪的；（2）扬言实施新的犯罪的；（3）多次作案、连续作案、流窜作案的；（4）1 年内曾因故意实施同类违法行为受到行政处罚的；（5）以犯罪所得为主要生活来源的；（6）有吸毒、赌博等恶习的；（7）其他可能实施新的犯罪的情形。

2. 可以认定犯罪嫌疑人"有危害国家安全、公共安全或者社会秩序的现实危险"的情形有哪些？

答：根据《人民检察院刑事诉讼规则》第 130 条的规定，犯罪嫌疑人具有下列情形之一的，可以认定为"有危害国家安全、公共安全或者社会秩序的现实危险"：（1）案发前或者案发后正在积极策划、组织或者预备实施危害国家安全、公共安全或者社会秩序的重大违法犯罪行为的；（2）曾因危害国家安全、公共安全或者社会秩序受到刑事处罚或者行政处罚的；（3）在危害国家安全、黑恶势力、恐怖活动、毒品犯罪中起组织、策划、指挥作用或者积极参加的；（4）其他有危害国家安全、公共安全或者社会秩序的现实危险的情形。

3. 可以认定犯罪嫌疑人"可能毁灭、伪造证据，干扰证人作证或者串供"的情形有哪些？

答：根据《人民检察院刑事诉讼规则》第131条的规定，犯罪嫌疑人具有下列情形之一的，可以认定为"可能毁灭、伪造证据，干扰证人作证或者串供"：（1）曾经或者企图毁灭、伪造、隐匿、转移证据的；（2）曾经或者企图威逼、恐吓、利诱、收买证人，干扰证人作证的；（3）有同案犯罪嫌疑人或者与其在事实上存在密切关联犯罪的犯罪嫌疑人在逃，重要证据尚未收集到位的；（4）其他可能毁灭、伪造证据，干扰证人作证或者串供的情形。

4. 可以认定犯罪嫌疑人"可能对被害人、举报人、控告人实施打击报复"的情形有哪些？

答：根据《人民检察院刑事诉讼规则》第132条的规定，犯罪嫌疑人具有下列情形之一的，可以认定为"可能对被害人、举报人、控告人实施打击报复"：（1）扬言或者准备、策划对被害人、举报人、控告人实施打击报复的；（2）曾经对被害人、举报人、控告人实施打击、要挟、迫害等行为的；（3）采取其他方式滋扰被害人、举报人、控告人的正常生活、工作的；（4）其他可能对被害人、举报人、控告人实施打击报复的情形。

5. 可以认定犯罪嫌疑人"企图自杀或者逃跑"的情形有哪些？

答：根据《人民检察院刑事诉讼规则》第133条的规定，犯罪嫌疑人具有下列情形之一的，可以认定为"企图自杀或者逃跑"：（1）着手准备自杀、自残或者逃跑的；（2）曾经自杀、自残或者逃跑的；（3）有自杀、自残或者逃跑的意思表示的；（4）曾经以暴力、威胁手段抗拒抓捕的；（5）其他企图自杀或者逃跑的情形。

◆ 第八十二条　拘留的条件

公安机关对于现行犯或者重大嫌疑分子，如果有下列情形之一的，可以先行拘留：

（一）正在预备犯罪、实行犯罪或者在犯罪后即时被发觉的；
（二）被害人或者在场亲眼看见的人指认他犯罪的；
（三）在身边或者住处发现有犯罪证据的；
（四）犯罪后企图自杀、逃跑或者在逃的；
（五）有毁灭、伪造证据或者串供可能的；
（六）不讲真实姓名、住址，身份不明的；
（七）有流窜作案、多次作案、结伙作案重大嫌疑的。

◆ 第八十三条　异地执行拘留、逮捕

公安机关在异地执行拘留、逮捕的时候，应当通知被拘留、逮捕人所在地的公安机关，被拘留、逮捕人所在地的公安机关应当予以配合。

◆ 第八十四条　公民扭送

对于有下列情形的人，任何公民都可以立即扭送公安机关、人民检察院或者人民法院处理：

（一）正在实行犯罪或者在犯罪后即时被发觉的；
（二）通缉在案的；
（三）越狱逃跑的；
（四）正在被追捕的。

📝 **名词解释**

公民扭送，是指公民将具有法定情形的人强制移送公检法机关处理的行为。公民扭送在性质上只是公民配合专门机关工作的一种辅助手段，尽管具有一定的强制性，但不是法律规定的强制措施，不允许公民以扭送的名义，殴打、侮辱或用其他非法方法处置被扭送人。

◆ 第八十五条　拘留的执行

公安机关拘留人的时候，必须出示拘留证。

拘留后，应当立即将被拘留人送看守所羁押，至迟不得超过二十四小时。除无法通知或者涉嫌危害国家安全犯罪、恐怖活动犯罪通知可能有碍侦查的情形以外，应当在拘留后二十四小时以内，通知被拘留人的家属。有碍侦查的情形消失以后，应当立即通知被拘留人的家属。

📝 **名词解释**

拘留，是指在紧急情况下依法临时剥夺某些现行犯或者重大嫌疑分子人身自由的一种强制措施。

📄 **实用问答**

1. "有碍侦查"包括哪些情形？

答：根据《公安机关办理刑事案件程序规定》第 127 条第 3 款的规定，有下列情形之一的，属于"有碍侦查"：（1）可能毁灭、伪造证据，干扰证人作证或者串供的；（2）可能引起同案犯逃避、妨碍侦查的；（3）犯罪嫌疑人的家属与犯罪有牵连的。

2. 应当如何进行异地执行拘留？

答：根据《公安机关办理刑事案件程序规定》第 126 条第 2 款的规定，异地执行拘留，无法及时将犯罪嫌疑人押解回管辖地的，应当在宣布拘留后立即将其送抓获地看守所羁押，至迟不得超过 24 小时。到达管辖地后，应当立即将犯罪嫌疑人送看守所羁押。

◆ **第八十六条　拘留后案件的办理**

公安机关对被拘留的人，应当在拘留后的二十四小时以内进行讯问。在发现不应当拘留的时候，必须立即释放，发给释放证明。

实用问答

应当如何处理审查后的被拘留犯罪嫌疑人？

答：根据《公安机关办理刑事案件程序规定》第 131 条的规定，对被拘留的犯罪嫌疑人审查后，根据案件情况报经县级以上公安机关负责人批准，分别作出如下处理：（1）需要逮捕的，在拘留期限内，依法办理提请批准逮捕手续；（2）应当追究刑事责任，但不需要逮捕的，依法直接向人民检察院移送审查起诉，或者依法办理取保候审或者监视居住手续后，向人民检察院移送审查起诉；（3）拘留期限届满，案件尚未办结，需要继续侦查的，依法办理取保候审或者监视居住手续；（4）具有《公安机关办理刑事案件程序规定》第 186 条规定情形之一的，释放被拘留人，发给释放证明书；需要行政处理的，依法予以处理或者移送有关部门。

◆ 第八十七条　提请批准逮捕

公安机关要求逮捕犯罪嫌疑人的时候，应当写出提请批准逮捕书，连同案卷材料、证据，一并移送同级人民检察院审查批准。必要的时候，人民检察院可以派人参加公安机关对于重大案件的讨论。

实用问答

什么时候可以派员介入案件的侦查活动？

答：根据《人民检察院刑事诉讼规则》第256条的规定，经公安机关商请或者人民检察院认为确有必要时，可以派员适时介入重大、疑难、复杂案件的侦查活动，参加公安机关对于重大案件的讨论，对案件性质、收集证据、适用法律等提出意见，监督侦查活动是否合法。经监察机关商请，人民检察院可以派员介入监察机关办理的职务犯罪案件。

◆ 第八十八条　审查批准逮捕程序

人民检察院审查批准逮捕，可以讯问犯罪嫌疑人；有下列情形之一的，应当讯问犯罪嫌疑人：

（一）对是否符合逮捕条件有疑问的；

（二）犯罪嫌疑人要求向检察人员当面陈述的；

（三）侦查活动可能有重大违法行为的。

人民检察院审查批准逮捕，可以询问证人等诉讼参与人，听取辩护律师的意见；辩护律师提出要求的，应当听取辩护律师的意见。

实用问答

应当如何讯问犯罪嫌疑人,询问被害人、证人、鉴定人?

答:根据《人民检察院刑事诉讼规则》第 260 条的规定,讯问犯罪嫌疑人,询问被害人、证人、鉴定人,听取辩护人、被害人及其诉讼代理人的意见,应当由检察人员负责进行。检察人员或者检察人员和书记员不得少于两人。讯问犯罪嫌疑人,询问证人、鉴定人、被害人,应当个别进行。

◆ 第八十九条 批捕权

人民检察院审查批准逮捕犯罪嫌疑人<u>由检察长决定</u>。<u>重大案件应当提交检察委员会讨论决定</u>。

名词解释

审查批准逮捕,是指人民检察院对公安机关、国家安全机关、军队保卫部门和监狱提请批准逮捕的犯罪嫌疑人,审查是否批准逮捕的活动。

审查决定逮捕,是指人民检察院对于直接立案侦查的案件的犯罪嫌疑人,审查决定是否逮捕的活动。

◆ 第九十条 审查批捕

人民检察院对于公安机关提请批准逮捕的案件进行审查后,应当根据情况分别作出批准逮捕或者不批准逮捕的决定。对于批准逮捕的决定,公安机关<u>应当立即执行</u>,并且将执行情况及时通知人民检察院。对于不批准逮捕的，人民检察院应当说明理由，需要补充侦查的，应当同时通知公安机关。

> **实用问答**

对公安机关提请批准逮捕的犯罪嫌疑人，人民检察院应该如何处理？

答：根据《人民检察院刑事诉讼规则》第282条的规定，对公安机关提请批准逮捕的犯罪嫌疑人，已经被拘留的，人民检察院应当在收到提请批准逮捕书后7日以内作出是否批准逮捕的决定；未被拘留的，应当在收到提请批准逮捕书后15日以内作出是否批准逮捕的决定，重大、复杂案件，不得超过20日。

◆ **第九十一条　提请批捕及对其审查处理**

公安机关对被拘留的人，认为需要逮捕的，应当在拘留后的三日以内，提请人民检察院审查批准。在特殊情况下，提请审查批准的时间可以延长一日至四日。

对于流窜作案、多次作案、结伙作案的重大嫌疑分子，提请审查批准的时间可以延长至三十日。

人民检察院应当自接到公安机关提请批准逮捕书后的七日以内，作出批准逮捕或者不批准逮捕的决定。人民检察院不批准逮捕的，公安机关应当在接到通知后立即释放，并且将执行情况及时通知人民检察院。对于需要继续侦查，并且符合取保候审、监视居住条件的，依法取保候审或者监视居住。

> **名词解释**

流窜作案，是指跨市、县管辖范围连续作案，或者在居住地作案后逃跑到外市、县继续作案。

多次作案，是指三次以上作案。

结伙作案，是指两人以上共同作案。

◆ **第九十二条　不批捕的复议、复核**

> 公安机关对人民检察院不批准逮捕的决定，认为有错误的时候，可以要求复议，但是必须将被拘留的人立即释放。如果意见不被接受，可以向上一级人民检察院提请复核。上级人民检察院应当立即复核，作出是否变更的决定，通知下级人民检察院和公安机关执行。

> **实用问答**

1. 公安机关要求复议不批准逮捕的案件时，人民检察院应当如何处理？

答：根据《人民检察院刑事诉讼规则》第 290 条的规定，对不批准逮捕的案件，公安机关要求复议的，人民检察院负责捕诉的部门应当另行指派检察官或者检察官办案组进行审查，并在收到要求复议意见书和案卷材料后 7 日以内，经检察长批准，作出是否变更的决定，通知公安机关。

2. 公安机关提请上一级人民检察院复核不批准逮捕的案件时，上一级人民检察院应当如何处理？

答：根据《人民检察院刑事诉讼规则》第 291 条的规定，对不批准逮捕的案件，公安机关提请上一级人民检察院复核的，上一级人民检察院应当在收到提请复核意见书和案卷材料后 15 日以内，经检察长批准，作出是否变更的决定，通知下级人民检察院和公安机关执行。需要改变原决定的，应当通知作出不批准逮捕决定的人民检察院撤销原不批准逮捕决定，另行制作批准逮捕决定书。必要时，上级人民检察院也可以直接作出批准逮捕决定，通知下级人民检察院送达公安机关执行。对于经复议复核维持原不批准逮捕决定的，人民检察院向公安机关送达复议复核决定时应当说明理由。

◆ **第九十三条　逮捕的执行**

公安机关逮捕人的时候，必须出示逮捕证。

逮捕后，应当立即将被逮捕人送看守所羁押。除无法通知的以外，应当在逮捕后二十四小时以内，通知被逮捕人的家属。

实用问答

接到人民检察院批准逮捕决定书后，公安机关应当如何处理？

答：根据《公安机关办理刑事案件程序规定》第 142 条的规定，接到人民检察院批准逮捕决定书后，应当由县级以上公安机关负责人签发逮捕证，立即执行，并在执行完毕后 3 日以内将执行回执送达作出批准逮捕决定的人民检察院。如果未能执行，也应当将回执送达人民检察院，并写明未能执行的原因。

◆ **第九十四条　逮捕后案件的办理**

人民法院、人民检察院对于各自决定逮捕的人，公安机关对于经人民检察院批准逮捕的人，都必须在逮捕后的二十四小时以内进行讯问。在发现不应当逮捕的时候，必须立即释放，发给释放证明。

◆ **第九十五条　羁押必要性审查**

犯罪嫌疑人、被告人被逮捕后，人民检察院仍应当对羁押的必要性进行审查。对不需要继续羁押的，应当建议予以释放或者变更强制措施。有关机关应当在十日以内将处理情况通知人民检察院。

名词解释

羁押必要性审查，是指人民检察院依据《刑事诉讼法》第95条规定，对被逮捕的犯罪嫌疑人、被告人有无继续羁押的必要性进行审查，对不需要继续羁押的，建议办案机关予以释放或者变更强制措施的监督活动。

实用问答

1. 羁押的必要性应从哪些方面进行判断？

答： 羁押的必要性应从以下两个方面进行判断：(1) 从实体上判断逮捕有无必要，若犯罪嫌疑人和被告人不再具有《刑事诉讼法》第81条规定的"社会危险性"，即不再具有羁押必要性；(2) 从程序上判断证据有无重大变化，若证据有重大变化，对犯罪嫌疑人、被告人是否羁押也需要重新判定。

2. 哪些主体可以进行或者申请羁押必要性审查？

答：根据《人民检察院刑事诉讼规则》第 574 条的规定，人民检察院在办案过程中可以依职权主动进行羁押必要性审查。犯罪嫌疑人、被告人及其法定代理人、近亲属或者辩护人可以申请人民检察院进行羁押必要性审查。申请时应当说明不需要继续羁押的理由，有相关证据或者其他材料的应当提供。看守所根据在押人员身体状况，可以建议人民检察院进行羁押必要性审查。

3. 人民检察院可以采取哪些方式进行羁押必要性审查？

答：根据《人民检察院刑事诉讼规则》第 577 条第 1 款的规定，人民检察院可以采取以下方式进行羁押必要性审查：（1）审查犯罪嫌疑人、被告人不需要继续羁押的理由和证明材料；（2）听取犯罪嫌疑人、被告人及其法定代理人、辩护人的意见；（3）听取被害人及其法定代理人、诉讼代理人的意见，了解是否达成和解协议；（4）听取办案机关的意见；（5）调查核实犯罪嫌疑人、被告人的身体健康状况；（6）需要采取的其他方式。

4. 人民检察院发现犯罪嫌疑人、被告人具有哪些情形时，应当向办案机关提出释放或者变更强制措施的建议？

答：根据《人民检察院刑事诉讼规则》第 579 条的规定，人民检察院发现犯罪嫌疑人、被告人具有下列情形之一的，应当向办案机关提出释放或者变更强制措施的建议：（1）案件证据发生重大变化，没有证据证明有犯罪事实或者犯罪行为系犯罪嫌疑人、被告人所为的；（2）案件事实或者情节发生变化，犯罪嫌疑人、被告人可能被判处拘役、管制、独立适用附加刑、免予刑事处罚或者判决无罪的；（3）继续羁押犯罪嫌疑人、被告人，羁押期限将超过依法可能判处的刑期的；（4）案件事实基本查清，证据已经收集固定，符合取保候审或者监视居住条件的。

5. 人民检察院发现犯罪嫌疑人、被告人具有哪些情形时，可以向办案机关提出释放或者变更强制措施的建议？

答：根据《人民检察院刑事诉讼规则》第 580 条的规定，人民检察院发现犯罪嫌疑人、被告人具有下列情形之一，且具有悔罪表现，不予羁押不致发生社会危险性的，可以向办案机关提出释放或者变更强制措施的建议：（1）预备犯或者中止犯；（2）共同犯罪中的从犯或者胁从犯；（3）过失犯罪的；（4）防卫过当或者避险过当的；（5）主观恶性较小的初犯；（6）系未成年人或者已满 75 周岁的人；（7）与被害方依法自愿达成和解协议，且已经履行或者提供担保的；（8）认罪认罚的；（9）患有严重疾病、生活不能自理的；（10）怀孕或者正在哺乳自己婴儿的妇女；（11）系生活不能自理的人的唯一扶养人；（12）可能被判处 1 年以下有期徒刑或者宣告缓刑的；（13）其他不需要继续羁押的情形。

◆ **第九十六条　不当强制措施的变更与撤销**

人民法院、人民检察院和公安机关如果发现对犯罪嫌疑人、被告人采取强制措施不当的，<u>应当及时撤销或者变更</u>。公安机关释放被逮捕的人或者变更逮捕措施的，<u>应当通知原批准的人民检察院</u>。

实用问答

1. 人民法院发现被逮捕的被告人具有哪些情形时可以变更强制措施？

答：根据《最高人民法院关于适用〈中华人民共和国刑事诉讼

法〉的解释》第169条的规定，被逮捕的被告人具有下列情形之一的，人民法院可以变更强制措施：（1）患有严重疾病、生活不能自理的；（2）怀孕或者正在哺乳自己婴儿的；（3）系生活不能自理的人的唯一扶养人。

2. 被逮捕的被告人具有哪些情形时，人民法院应当立即释放；必要时，可以依法变更强制措施？

答：根据《最高人民法院关于适用〈中华人民共和国刑事诉讼法〉的解释》第170条的规定，被逮捕的被告人具有下列情形之一的，人民法院应当立即释放；必要时，可以依法变更强制措施：（1）第一审人民法院判决被告人无罪、不负刑事责任或者免予刑事处罚的；（2）第一审人民法院判处管制、宣告缓刑、单独适用附加刑，判决尚未发生法律效力的；（3）被告人被羁押的时间已到第一审人民法院对其判处的刑期期限的；（4）案件不能在法律规定的期限内审结的。

◆ **第九十七条　变更强制措施申请权**

犯罪嫌疑人、被告人及其法定代理人、近亲属或者辩护人有权申请变更强制措施。人民法院、人民检察院和公安机关收到申请后，应当在三日以内作出决定；不同意变更强制措施的，应当告知申请人，并说明不同意的理由。

◆ **第九十八条　羁押期限届满的强制措施变更**

犯罪嫌疑人、被告人被羁押的案件，不能在本法规定的侦查羁押、审查起诉、一审、二审期限内办结的，对犯罪嫌疑人、被告人应当予以释放；需要继续查证、审理的，对犯罪嫌疑人、被告人可以取保候审或者监视居住。

◆ **第九十九条　超期强制措施的变更与解除**

人民法院、人民检察院或者公安机关对被采取强制措施法定期限届满的犯罪嫌疑人、被告人，应当予以释放、解除取保候审、监视居住或者依法变更强制措施。犯罪嫌疑人、被告人及其法定代理人、近亲属或者辩护人对于人民法院、人民检察院或者公安机关采取强制措施法定期限届满的，有权要求解除强制措施。

名词解释

法定代理人，是指犯罪嫌疑人、被告人的父母、养父母、监护人和负有保护责任的机关、团体的代表。

近亲属，是指犯罪嫌疑人、被告人的夫、妻、父、母、子、女、同胞兄弟姊妹。

辩护人，是指受犯罪嫌疑人、被告人委托为其辩护的律师，人民团体或者犯罪嫌疑人、被告人所在单位推荐的人或者受犯罪嫌疑人、被告人委托为其辩护的监护人、亲友，以及受法律援助机构指派为犯罪嫌疑人、被告人提供法律援助的律师。

法定期限届满，是指对在押的犯罪嫌疑人、被告人的关押时间已经达到《刑事诉讼法》规定的侦查羁押、审查起诉、一审、二审的办案期限，对不在押的犯罪嫌疑人、被告人，取保候审的时间累计已经达到12个月或者监视居住的时间累计已经达到6个月，或者拘传已经达到12小时或24小时。

实用问答

何种情况下，对原强制措施不再办理解除法律手续？

答：根据《公安机关办理刑事案件程序规定》第162条的规定，

取保候审变更为监视居住的，取保候审、监视居住变更为拘留、逮捕的，对原强制措施不再办理解除法律手续。

> ◆ **第一百条　侦查监督**
>
> 人民检察院在审查批准逮捕工作中，如果发现公安机关的侦查活动有违法情况，应当通知公安机关予以纠正，公安机关应当将纠正情况通知人民检察院。

实用问答

人民检察院审查批准逮捕、审查起诉未成年犯罪嫌疑人，是否应当同时依法监督侦查活动是否合法？发现违法行为的，应当如何处理？

答：根据《人民检察院办理未成年人刑事案件的规定》第67条的规定，人民检察院审查批准逮捕、审查起诉未成年犯罪嫌疑人，应当同时依法监督侦查活动是否合法，发现有下列违法行为的，应当提出纠正意见；构成犯罪的，依法追究刑事责任：（1）违法对未成年犯罪嫌疑人采取强制措施或者采取强制措施不当的；（2）未依法实行对未成年犯罪嫌疑人与成年犯罪嫌疑人分别关押、管理的；（3）对未成年犯罪嫌疑人采取刑事拘留、逮捕措施后，在法定时限内未进行讯问，或者未通知其家属的；（4）讯问未成年犯罪嫌疑人或者询问未成年被害人、证人时，未依法通知其法定代理人或者合适成年人到场的；（5）讯问或者询问女性未成年人时，没有女性检察人员参加；（6）未依法告知未成年犯罪嫌疑人有权委托辩护人的；（7）未依法通知法律援助机构指派律师为未成年犯罪嫌疑人提供辩护的；（8）对未成年犯罪嫌疑人威胁、体罚、侮辱人格、游行示众，或者刑讯逼供、指供、诱供的；（9）利用未成年人认知能力低而故意制造冤、假、错案的；（10）对未成年被害人、证人以暴力、威胁、诱骗等非法手段收集证据或者侵害未成年被害人、证人的人格尊严及隐私权等合法权益的；（11）违反羁押和办案期限规定的；（12）已作出不批准逮捕、不起诉决定，公安机关不立即释放犯罪嫌疑人的；（13）在侦查中有其他侵害未成年人合法权益行为的。

第七章　附带民事诉讼

> **◆ 第一百零一条　附带民诉的提起**
>
> 　　被害人由于被告人的犯罪行为而遭受物质损失的，在刑事诉讼过程中，有权提起附带民事诉讼。被害人死亡或者丧失行为能力的，被害人的法定代理人、近亲属有权提起附带民事诉讼。
> 　　如果是国家财产、集体财产遭受损失的，人民检察院在提起公诉的时候，可以提起附带民事诉讼。

名词解释

　　物质损失，是指因被害人的人身、财产遭受犯罪行为的侵害而产生的可以用金钱计算的损失，是相对于精神损失而言的。

实用问答

1. 国家机关工作人员在行使职权时，侵犯他人人身、财产权利时，被害人应该如何处理？

答：根据《最高人民法院关于适用〈中华人民共和国刑事诉讼法〉的解释》第177条的规定，国家机关工作人员在行使职权时，侵犯他人人身、财产权利构成犯罪，被害人或者其法定代理人、近亲属提起附带民事诉讼的，人民法院不予受理，但应当告知其可以依法申请国家赔偿。

2. 哪些人在附带民事诉讼中依法负有赔偿责任？

答：根据《最高人民法院关于适用〈中华人民共和国刑事诉讼法〉的解释》第 180 条的规定，附带民事诉讼中依法负有赔偿责任的人包括：（1）刑事被告人以及未被追究刑事责任的其他共同侵害人；（2）刑事被告人的监护人；（3）死刑罪犯的遗产继承人；（4）共同犯罪案件中，案件审结前死亡的被告人的遗产继承人；（5）对被害人的物质损失依法应当承担赔偿责任的其他单位和个人。附带民事诉讼被告人的亲友自愿代为赔偿的，可以准许。

3. 附带民事诉讼的起诉条件都有哪些？

答：根据《最高人民法院关于适用〈中华人民共和国刑事诉讼法〉的解释》第 182 条的规定，附带民事诉讼的起诉条件是：（1）起诉人符合法定条件；（2）有明确的被告人；（3）有请求赔偿的具体要求和事实、理由；（4）属于人民法院受理附带民事诉讼的范围。

◆ **第一百零二条　附带民诉的保全措施**

人民法院在必要的时候，可以采取保全措施，查封、扣押或者冻结被告人的财产。附带民事诉讼原告人或者人民检察院可以申请人民法院采取保全措施。人民法院采取保全措施，适用民事诉讼法的有关规定。

名词解释

财产保全，是民事诉讼中的一种诉讼保障制度，是指在诉讼前或诉讼过程中，依据当事人的申请或法院依职权对当事人争议的财产或与该案有关的财物采取强制性措施，以保证将来生效的判决能够执行。

◆ **第一百零三条　附带民诉的调解与裁判**

人民法院审理附带民事诉讼案件，可以进行调解，或者根据物质损失情况作出判决、裁定。

名词解释

法院调解，是指在人民法院的主持下，通过说服、劝导使双方当事人就民事权利、义务的确定达成协议，从而解决民事纠纷的活动。

实用问答

1. 调解未达成协议或者调解书签收前当事人反悔的，法院应当如何处理？

答：根据《最高人民法院关于适用〈中华人民共和国刑事诉讼法〉的解释》第191条的规定，调解未达成协议或者调解书签收前当事人反悔的，附带民事诉讼应当同刑事诉讼一并判决。

2. 在附带民事诉讼判决中，人民法院应如何确定被告人应当赔偿的数额？

答：根据《最高人民法院关于适用〈中华人民共和国刑事诉讼法〉的解释》第192条第1~3款的规定，对附带民事诉讼作出判决，应当根据犯罪行为造成的物质损失，结合案件具体情况，确定被告人应当赔偿的数额。犯罪行为造成被害人人身损害的，应当赔偿医疗费、护理费、交通费等为治疗和康复支付的合理费用，以及因误工减少的收入。造成被害人残疾的，还应当赔偿残疾生活辅助器具费等费用；造成被害人死亡的，还应当赔偿丧葬费等费用。驾驶机动车致人伤亡或者造成公私财产重大损失，构成犯罪的，依照

《道路交通安全法》第 76 条的规定确定赔偿责任。

◆ **第一百零四条　附带民诉的审判组织**

附带民事诉讼应当同刑事案件一并审判，只有为了防止刑事案件审判的过分迟延，才可以在刑事案件审判后，由同一审判组织继续审理附带民事诉讼。

实用问答

附带民事诉讼与刑事案件分别审判时需要注意哪些问题？

答：附带民事诉讼与刑事案件分别审判时需要注意以下问题：（1）前提是为了防止刑事诉讼过分迟延，否则应当同时审判。（2）只能先审刑事部分，后审民事部分。（3）民事部分须由审理刑事部分的同一审判组织进行，不得另行组成合议庭。特殊情况下，如审判组织成员丧失行为能力、死亡、调任其他岗位、辞退职等，只能更换审判组织成员，另行组成合议庭。（4）附带民事判决中对事实的认定不得与先行的刑事判决相抵触。（5）附带民事部分的延期审理一般不影响刑事判决的生效。

第八章　期间、送达

◆ 第一百零五条　期间

期间以时、日、月计算。

期间开始的时和日不算在期间以内。

法定期间不包括路途上的时间。上诉状或者其他文件在期满前已经交邮的，不算过期。

期间的最后一日为节假日的，以节假日后的第一日为期满日期，但犯罪嫌疑人、被告人或者罪犯在押期间，应当至期满之日为止，不得因节假日而延长。

实用问答

以月计算的期间和以年计算的刑期应如何计算？

答：根据《最高人民法院关于适用〈中华人民共和国刑事诉讼法〉的解释》第 202 条的规定，以月计算的期间，自本月某日至下月同日为 1 个月；期限起算日为本月最后一日的，至下月最后一日为 1 个月；下月同日不存在的，自本月某日至下月最后一日为 1 个月；半个月一律按 15 日计算。

以年计算的刑期，自本年本月某日至次年同月同日的前一日为一年；次年同月同日不存在的，自本年本月某日至次年同月最后一日的前一日为 1 年。以月计算的刑期，自本月某日至下月同日的前一日为 1 个月；刑期起算日为本月最后一日的，至下月最后一日的前一日为 1 个月；下月同日不存在的，自本月某日至下月最后一日的前一日为 1 个月；半个月一律按 15 日计算。

◆ **第一百零六条　期间的耽误与恢复**

当事人由于<u>不能抗拒的原因或者有其他正当理由而耽误期限的</u>，在障碍消除后五日以内，<u>可以申请继续进行应当在期满以前完成的诉讼活动</u>。

前款申请是否准许，由人民法院裁定。

名词解释

<u>期间的耽误</u>，是指司法机关、诉讼参与人没有在法定期限内完成应当进行的诉讼行为。

实用问答

期间恢复的条件有哪些？

答：期间恢复需要具备以下条件：（1）当事人耽误期间具备法定事由。即当事人耽误期间非因为主观怠慢，而是由于不可抗拒的原因或有其他正当理由。例如，发生地震、洪水、台风、火灾、战争等当事人本身无法抗拒的自然和社会现象或当事人突发疾病等特殊情况，确实无法正常实施某种诉讼行为。（2）当事人申请补救期间在法定时间内。当事人应在障碍消除的 5 日内向法院申请恢复期间。（3）期间的恢复由法院裁定。对于当事人恢复期间的申请，人民法院要审查其是否具备法定事由、在法定期限内提出，进而裁定是否准许当事人的申请。

◆ 第一百零七条 送达

送达传票、通知书和其他诉讼文件应当交给收件人本人；如果本人不在，可以交给他的成年家属或者所在单位的负责人员代收。

收件人本人或者代收人拒绝接收或者拒绝签名、盖章的时候，送达人可以邀请他的邻居或者其他见证人到场，说明情况，把文件留在他的住处，在送达证上记明拒绝的事由、送达的日期，由送达人签名，即认为已经送达。

名词解释

送达，是指人民法院、人民检察院和公安机关依照法定程序和方式，将诉讼文件送交当事人、其他诉讼参与人、有关机关和单位的诉讼活动。

实用问答

1. 直接送达诉讼文书有困难的，人民法院应如何处理？

答：根据《最高人民法院关于适用〈中华人民共和国刑事诉讼法〉的解释》第205条和第206条的规定，直接送达诉讼文书有困难的，可以委托收件人所在地的人民法院代为送达或者邮寄送达。委托送达的，应当将委托函、委托送达的诉讼文书及送达回证寄送受托法院。受托法院收到后，应当登记，在10日以内送达收件人，并将送达回证寄送委托法院；无法送达的，应当告知委托法院，并将诉讼文书及送达回证退回。

2. 哪些人员不得担任见证人？

答：根据《最高人民法院关于适用〈中华人民共和国刑事诉讼

法〉的解释》第 80 条第 1 款的规定，下列人员不得担任见证人：（1）生理上、精神上有缺陷或者年幼，不具有相应辨别能力或者不能正确表达的人；（2）与案件有利害关系，可能影响案件公正处理的人；（3）行使勘验、检查、搜查、扣押、组织辨认等监察调查、刑事诉讼职权的监察、公安、司法机关的工作人员或者其聘用的人员。

第九章　其他规定

◆ **第一百零八条　有关用语的解释**

本法下列用语的含意是：

（一）"侦查"是指公安机关、人民检察院对于刑事案件，依照法律进行的收集证据、查明案情的工作和有关的强制性措施；

（二）"当事人"是指被害人、自诉人、犯罪嫌疑人、被告人、附带民事诉讼的原告人和被告人；

（三）"法定代理人"是指被代理人的父母、养父母、监护人和负有保护责任的机关、团体的代表；

（四）"诉讼参与人"是指当事人、法定代理人、诉讼代理人、辩护人、证人、鉴定人和翻译人员；

（五）"诉讼代理人"是指公诉案件的被害人及其法定代理人或者近亲属、自诉案件的自诉人及其法定代理人委托代为参加诉讼的人和附带民事诉讼的当事人及其法定代理人委托代为参加诉讼的人；

（六）"近亲属"是指夫、妻、父、母、子、女、同胞兄弟姊妹。

第二编 立案、侦查和提起公诉

第一章 立 案

> **第一百零九条 立案侦查**
>
> 公安机关或者人民检察院发现犯罪事实或者犯罪嫌疑人,应当按照管辖范围,<u>立案侦查</u>。

实用问答

公安机关对行政执法机关移送的涉嫌犯罪案件应当如何处理?

答:根据《公安机关受理行政执法机关移送涉嫌犯罪案件规定》第2条的规定,对行政执法机关移送的涉嫌犯罪案件,公安机关应当接受,及时录入执法办案信息系统,并检查是否附有下列材料:(1)案件移送书,载明移送机关名称、行政违法行为涉嫌犯罪罪名、案件主办人及联系电话等。案件移送书应当附移送材料清单,并加盖移送机关公章。(2)案件调查报告,载明案件来源、查获情况、嫌疑人基本情况、涉嫌犯罪的事实、证据和法律依据、处理建议等。(3)涉案物品清单,载明涉案物品的名称、数量、特征、存放地等事项,并附采取行政强制措施、现场笔录等表明涉案物品来源的相关材料。(4) 附有鉴定机构和鉴定人资质证明或者其他证明文件的检验报告或者鉴定意见。(5) 现场照片、询问笔录、电子数据、视听资料、认定意见、责令整改通知书等其他与案件有关的证据材料。移送材料表明移送案件的行政执法机关已经或者曾经作出有关行政处罚决定的，应当检查是否附有有关行政处罚决定书。对材料不全的，应当在接受案件的24小时内书面告知移送的行政执法机关在3日内补正。但不得以材料不全为由，不接受移送案件。

> **第一百一十条　接受立案材料**
>
> <u>任何单位和个人发现有犯罪事实或者犯罪嫌疑人，有权利也有义务</u>向公安机关、人民检察院或者人民法院<u>报案或者举报</u>。
>
> 被害人对侵犯其人身、财产权利的犯罪事实或者犯罪嫌疑人，有权向公安机关、人民检察院或者人民法院报案或者控告。
>
> 公安机关、人民检察院或者人民法院对于报案、控告、举报，<u>都应当接受</u>。对于不属于自己管辖的，应当移送主管机关处理，并且通知报案人、控告人、举报人；对于不属于自己管辖而又必须采取紧急措施的，应当先采取紧急措施，然后移送主管机关。
>
> 犯罪人向公安机关、人民检察院或者人民法院自首的，适用第三款规定。

📝 名词解释

<u>立案材料来源</u>，是指立案阶段案件线索来源和有关案件的证据来源。

实用问答

1. 立案材料来源于哪里？

答：依据《刑事诉讼法》第 109 条和第 110 条的规定，立案材料来源于以下四个方面：（1）公安机关或人民检察院发现的犯罪事实或犯罪嫌疑人。公安机关是刑事诉讼中的侦查机关；检察机关对于依法直接受理的案件承担侦查职责。（2）单位或者个人的报案或举报。报案和举报的区别在于是否有明确的犯罪嫌疑人。报案一般针对犯罪事实的发生，往往嫌疑人并不明确；而举报的内容则不仅有犯罪事实的发生，通常还有明确的嫌疑人。（3）被害人的报案或者控告。报案和控告的区别和前述报案和举报的区别是一样的，即报案仅针对犯罪事实的发生，而控告的内容则包括犯罪事实及犯罪嫌疑人。控告和举报的内容都是向公安司法机关揭露、告发犯罪事实和犯罪嫌疑人，二者的区别在于，控告是由遭受犯罪行为直接侵害的被害人提出的，而举报一般是由与案件无直接利害关系的单位或个人提出的。（4）犯罪人的自首。《刑法》第 67 条中规定，犯罪以后自动投案，如实供述自己的罪行的，是自首。犯罪人的自首是立案材料的来源之一。此外，正在被采取强制措施的犯罪嫌疑人、被告人、正在执行刑罚的罪犯如实向公安司法机关供述其尚未被掌握的其他罪行的，也构成自首，其提供的材料也是立案材料的来源之一。

2. 上级人民检察院在什么情况下对人民检察院直接受理的侦查案件的线索进行调查核实？

答：根据《人民检察院刑事诉讼规则》第 167 条的规定，对于人民检察院直接受理侦查案件的线索，上级人民检察院在必要时，可以直接调查核实或者组织、指挥、参与下级人民检察院的调查核实,可以将下级人民检察院管辖的案件线索指定辖区内其他人民检察院调查核实,也可以将本院管辖的案件线索交由下级人民检察院调查核实;下级人民检察院认为案件线索重大、复杂,需要由上级人民检察院调查核实的,可以提请移送上级人民检察院调查核实。

◆ **第一百一十一条 报案、控告、举报的形式、要求及保护措施**

报案、控告、举报可以用书面或者口头提出。接受口头报案、控告、举报的工作人员,应当写成笔录,经宣读无误后,由报案人、控告人、举报人签名或者盖章。

接受控告、举报的工作人员,应当向控告人、举报人说明诬告应负的法律责任。但是,只要不是捏造事实,伪造证据,即使控告、举报的事实有出入,甚至是错告的,也要和诬告严格加以区别。

公安机关、人民检察院或者人民法院应当保障报案人、控告人、举报人及其近亲属的安全。报案人、控告人、举报人如果不愿公开自己的姓名和报案、控告、举报的行为,应当为他保守秘密。

◆ **第一百一十二条 对立案材料的处理**

人民法院、人民检察院或者公安机关对于报案、控告、举报和自首的材料,应当按照管辖范围,迅速进行审查,认为有犯罪事实需要追究刑事责任的时候,应当立案;认为没有犯罪事实,或者犯罪事实显著轻微,不需要追究刑事责任的时候,不予立案,并且将不立案的原因通知控告人。控告人如果不服,可以申请复议。

📄 **实用问答**

1. 人民检察院在哪些情形下可以立案？在哪些情形下不予立案？

答：根据《人民检察院刑事诉讼规则》第 171 条的规定，人民检察院对于直接受理的案件，经审查认为有犯罪事实需要追究刑事责任的，应当制作立案报告书，经检察长批准后予以立案。符合立案条件，但犯罪嫌疑人尚未确定的，可以依据已查明的犯罪事实作出立案决定。对具有下列情形之一的，报请检察长决定不予立案：（1）具有《刑事诉讼法》第 16 条规定情形之一的；（2）认为没有犯罪事实的；（3）事实或者证据尚不符合立案条件的。

2. 对于控告和实名举报，决定不予立案的，人民检察院应当如何处理？

答：根据《人民检察院刑事诉讼规则》第 173 条的规定，对于控告和实名举报，决定不予立案的，应当制作不立案通知书，写明案由和案件来源、决定不立案的原因和法律依据，由负责侦查的部门在 15 日以内送达控告人、举报人，同时告知本院负责控告申诉检察的部门。控告人如果不服，可以在收到不立案通知书后 10 日以内向上一级人民检察院申请复议。不立案的复议，由上一级人民检察院负责侦查的部门审查办理。人民检察院认为被控告人、被举报人的行为未构成犯罪，决定不予立案，但需要追究其党纪、政纪、违法责任的，应当移送有管辖权的主管机关处理。

◆ **第一百一十三条　立案监督**

人民检察院认为公安机关对应当立案侦查的案件而不立案侦查的，或者被害人认为公安机关对应当立案侦查的案件而不立案侦查，向人民检察院提出的，人民检察院应当要求公安机关说明不立案的理由。人民检察院认为公安机关不立案理由不能成立的，应当通知公安机关立案，公安机关接到通知后应当立案。

实用问答

1. 公安机关收到人民检察院要求说明不立案理由通知书后或者通知立案书后，应当在多长时间内进行答复？

答：根据《最高人民法院、最高人民检察院、公安部、国家安全部、司法部、全国人大常委会法制工作委员会关于实施刑事诉讼法若干问题的规定》第 18 条中的规定，公安机关收到人民检察院要求说明不立案理由通知书后，应当在 7 日内将说明情况书面答复人民检察院。人民检察院认为公安机关不立案理由不能成立，发出通知立案书时，应当将有关证明应当立案的材料同时移送公安机关。公安机关收到通知立案书后，应当在 15 日内决定立案，并将立案决定书送达人民检察院。

2. 人民检察院对于公安机关应当立案侦查而不立案侦查的线索进行审查后，应当如何处理？

答：根据《最高人民检察院、公安部关于刑事立案监督有关问题的规定（试行）》第 5 条的规定，人民检察院对于公安机关应当立案侦查而不立案侦查的线索进行审查后，应当根据不同情况分别作出处理：（1）没有犯罪事实发生，或者犯罪情节显著轻微不需要追究刑事责任，或者具有其他依法不追究刑事责任情形的，及时答复投诉人或者行政执法机关；（2）不属于被投诉的公安机关管辖的，应当将有管辖权的机关告知投诉人或者行政执法机关，并建议向该机关控告或者移送；（3）公安机关尚未作出不予立案决定的，移送公安机关处理；（4）有犯罪事实需要追究刑事责任，属于被投诉的公安机关管辖，且公安机关已作出不立案决定的，经检察长批准，应当要求公安机关书面说明不立案理由。

> ◆ **第一百一十四条　自诉案件的提起**
>
> 　　对于自诉案件，被害人有权向人民法院<u>直接起诉</u>。被害人死亡或者丧失行为能力的，被害人的<u>法定代理人</u>、近亲属有权向人民法院起诉。人民法院<u>应当依法受理</u>。

第二章 侦 查

第一节 一般规定

◆ **第一百一十五条　侦查的任务**

公安机关对已经立案的刑事案件,应当进行侦查,收集、调取犯罪嫌疑人有罪或者无罪、罪轻或者罪重的证据材料。对现行犯或者重大嫌疑分子可以依法先行拘留,对符合逮捕条件的犯罪嫌疑人,应当依法逮捕。

名词解释

侦查,是指侦查机关在办理刑事案件过程中,依法进行的专门调查工作和采取有关的强制性措施。

实用问答

哪些人员不得担任侦查活动的见证人?

答:根据《公安机关办理刑事案件程序规定》第194条第2款的规定,下列人员不得担任侦查活动的见证人:(1)生理上、精神上有缺陷或者年幼,不具有相应辨别能力或者不能正确表达的人;(2)与案件有利害关系,可能影响案件公正处理的人;(3)公安机关的工作人员或者其聘用的人员。

◆ **第一百一十六条　预审**

公安机关经过侦查，对有证据证明有犯罪事实的案件，应当进行预审，对收集、调取的证据材料予以核实。

◆ **第一百一十七条　申诉、控告情形**

当事人和辩护人、诉讼代理人、利害关系人对于司法机关及其工作人员有下列行为之一的，有权向该机关申诉或者控告：

（一）采取强制措施法定期限届满，不予以释放、解除或者变更的；

（二）应当退还取保候审保证金不退还的；

（三）对与案件无关的财物采取查封、扣押、冻结措施的；

（四）应当解除查封、扣押、冻结不解除的；

（五）贪污、挪用、私分、调换、违反规定使用查封、扣押、冻结的财物的。

受理申诉或者控告的机关应当及时处理。对处理不服的，可以向同级人民检察院申诉；人民检察院直接受理的案件，可以向上一级人民检察院申诉。人民检察院对申诉应当及时进行审查，情况属实的，通知有关机关予以纠正。

第二节　讯问犯罪嫌疑人

◆ **第一百一十八条　讯问主体和地点**

讯问犯罪嫌疑人必须由人民检察院或者公安机关的侦查人员负责进行。讯问的时候，侦查人员不得少于二人。

犯罪嫌疑人被送交看守所羁押以后，侦查人员对其进行讯问，应当在看守所内进行。

实用问答

可以集体讯问同案的犯罪嫌疑人吗？

答：不可以。根据《公安机关办理刑事案件程序规定》第202条第2款的规定，讯问同案的犯罪嫌疑人，应当个别进行。

◆ 第一百一十九条　讯问地点、时间

对不需要逮捕、拘留的犯罪嫌疑人，可以传唤到犯罪嫌疑人所在市、县内的指定地点或者到他的住处进行讯问，但是应当出示人民检察院或者公安机关的证明文件。对在现场发现的犯罪嫌疑人，经出示工作证件，可以口头传唤，但应当在讯问笔录中注明。

传唤、拘传持续的时间不得超过十二小时；案情特别重大、复杂，需要采取拘留、逮捕措施的，传唤、拘传持续的时间不得超过二十四小时。

不得以连续传唤、拘传的形式变相拘禁犯罪嫌疑人。传唤、拘传犯罪嫌疑人，应当保证犯罪嫌疑人的饮食和必要的休息时间。

名词解释

传唤，是指司法机关通知诉讼当事人于指定的时间、地点到案所采取的一种措施。

> **实用问答**

何时可以不在公安机关执法办案场所的讯问室讯问犯罪嫌疑人？

答： 根据《公安机关办理刑事案件程序规定》第 198 条的规定，讯问犯罪嫌疑人，除下列情形以外，应当在公安机关执法办案场所的讯问室进行：（1）紧急情况下在现场进行讯问的；（2）对有严重伤病或者残疾、行动不便的，以及正在怀孕的犯罪嫌疑人，在其住处或者就诊的医疗机构进行讯问的。对于已送交看守所羁押的犯罪嫌疑人，应当在看守所讯问室进行讯问。对于正在被执行行政拘留、强制隔离戒毒的人员以及正在监狱服刑的罪犯，可以在其执行场所进行讯问。对于不需要拘留、逮捕的犯罪嫌疑人，经办案部门负责人批准，可以传唤到犯罪嫌疑人所在市、县公安机关执法办案场所或者到他的住处进行讯问。

◆ 第一百二十条　讯问程序

> 侦查人员在讯问犯罪嫌疑人的时候，应当首先讯问犯罪嫌疑人是否有犯罪行为，让他陈述有罪的情节或者无罪的辩解，然后向他提出问题。犯罪嫌疑人对侦查人员的提问，应当如实回答。但是对与本案无关的问题，有拒绝回答的权利。
>
> 侦查人员在讯问犯罪嫌疑人的时候，应当告知犯罪嫌疑人享有的诉讼权利，如实供述自己罪行可以从宽处理和认罪认罚的法律规定。

实用问答

公安机关应当如何处理犯罪嫌疑人供述的事实、申辩和反证，以及犯罪嫌疑人提供的证据？

答：根据《公安机关办理刑事案件程序规定》第 209 条的规定，对犯罪嫌疑人供述的犯罪事实、无罪或者罪轻的事实、申辩和反证，以及犯罪嫌疑人提供的证明自己无罪、罪轻的证据，公安机关应当认真核查；对有关证据，无论是否采信，都应当如实记录、妥善保管，并连同核查情况附卷。

◆ 第一百二十一条　讯问聋、哑人的要求

讯问聋、哑的犯罪嫌疑人，应当有通晓聋、哑手势的人参加，并且将这种情况记明笔录。

◆ 第一百二十二条　讯问笔录与书面供词

讯问笔录应当交犯罪嫌疑人核对，对于没有阅读能力的，应当向他宣读。如果记载有遗漏或者差错，犯罪嫌疑人可以提出补充或者改正。犯罪嫌疑人承认笔录没有错误后，应当签名或者盖章。侦查人员也应当在笔录上签名。犯罪嫌疑人请求自行书写供述的，应当准许。必要的时候，侦查人员也可以要犯罪嫌疑人亲笔书写供词。

名词解释

讯问笔录，是指对讯问过程和内容的书面记录形式，同时也是固定犯罪嫌疑人陈述的重要方式。

📄 **实用问答**

犯罪嫌疑人在什么情况下可以亲笔书写供词？

答：根据《公安机关办理刑事案件程序规定》第 207 条的规定，犯罪嫌疑人请求自行书写供述的，应当准许；必要时，侦查人员也可以要求犯罪嫌疑人亲笔书写供词。犯罪嫌疑人应当在亲笔供词上逐页签名、捺指印。侦查人员收到后，应当在首页右上方写明"于某年某月某日收到"，并签名。

◆ **第一百二十三条　录音录像**

侦查人员在讯问犯罪嫌疑人的时候，可以对讯问过程进行录音或者录像；对于可能判处无期徒刑、死刑的案件或者其他重大犯罪案件，应当对讯问过程进行录音或者录像。

录音或者录像应当<u>全程进行</u>，<u>保持完整性</u>。

📄 **实用问答**

1. 应当对哪些重大犯罪案件的讯问过程进行录音录像？

答：根据《公安机关讯问犯罪嫌疑人录音录像工作规定》第 4 条第 1 款的规定，对下列重大犯罪案件，应当对讯问过程进行录音录像：（1）可能判处无期徒刑、死刑的案件；（2）致人重伤、死亡的严重危害公共安全犯罪、严重侵犯公民人身权利犯罪案件；（3）黑社会性质组织犯罪案件，包括组织、领导黑社会性质组织，入境发展黑社会组织，包庇、纵容黑社会性质组织等犯罪案件；（4）严重毒品犯罪案件，包括走私、贩卖、运输、制造毒品，非法持有毒品数量大的，包庇走私、贩卖、运输、制造毒品的犯罪分子情节严重的，走私、非法买卖制毒物品数量大的犯罪案件；（5）其他故意犯罪案件，可能判处 10 年以上有期徒刑的。

2. 应当对哪些案件的讯问过程进行录音录像？

答：根据《公安机关讯问犯罪嫌疑人录音录像工作规定》第 6 条的规定，对具有下列情形之一的案件，应当对讯问过程进行录音录像：(1) 犯罪嫌疑人是盲、聋、哑人，未成年人或者尚未完全丧失辨认或者控制自己行为能力的精神病人，以及不通晓当地通用的语言文字的；(2) 犯罪嫌疑人反侦查能力较强或者供述不稳定，翻供可能性较大的；(3) 犯罪嫌疑人作无罪辩解和辩护人可能作无罪辩护的；(4) 犯罪嫌疑人、被害人、证人对案件事实、证据存在较大分歧的；(5) 共同犯罪中难以区分犯罪嫌疑人相关责任的；(6) 引发信访、舆论炒作风险较大的；(7) 社会影响重大、舆论关注度高的；(8) 其他重大、疑难、复杂情形。

第三节　询　问　证　人

◆ **第一百二十四条　询问地点与个别询问**

侦查人员询问证人，可以在现场进行，也可以到证人所在单位、住处或者证人提出的地点进行，在必要的时候，可以通知证人到人民检察院或者公安机关提供证言。在现场询问证人，应当出示工作证件，到证人所在单位、住处或者证人提出的地点询问证人，应当出示人民检察院或者公安机关的证明文件。

询问证人应当个别进行。

◆ **第一百二十五条 询问前的告知**

询问证人,应当告知他应当如实地提供证据、证言和有意作伪证或者隐匿罪证要负的法律责任。

◆ **第一百二十六条 询问笔录与书面证言**

本法第一百二十二条的规定,也适用于询问证人。

◆ **第一百二十七条 询问被害人**

询问被害人,适用本节各条规定。

第四节 勘验、检查

◆ **第一百二十八条 勘验、检查的主体与对象**

侦查人员对于与犯罪有关的场所、物品、人身、尸体应当进行勘验或者检查。在必要的时候,可以指派或者聘请具有专门知识的人,在侦查人员的主持下进行勘验、检查。

实用问答

1. 刑事案件现场勘验、检查的内容包括哪些?

答:根据《公安机关刑事案件现场勘验检查规则》第5条的规定,刑事案件现场勘验、检查的内容,包括现场保护、现场实地勘验检查、现场访问、现场搜索与追踪、侦查实验、现场分析、现场处理、现场复验与复查等。

2. 刑事案件现场勘验、检查工作应当遵循哪些原则，遵守哪些规定？

答：根据《公安机关刑事案件现场勘验检查规则》第 8 条的规定，刑事案件现场勘验、检查工作应当遵循依法、安全、及时、客观、全面、细致的原则。现场勘验、检查人员应当严格遵守保密规定，不得擅自发布刑事案件现场有关情况，泄露国家秘密、商业秘密、个人隐私。

◆ **第一百二十九条　现场保护**

任何单位和个人，都有义务保护犯罪现场，并且立即通知公安机关派员勘验。

名词解释

犯罪现场，是指实施犯罪行为的地点，也包括遗留了与案件有关的痕迹和物品的一切场所。

实用问答

负责保护现场的人民警察应当如何保护现场？

答：根据《公安机关刑事案件现场勘验检查规则》第 15 ~ 19 条的规定，负责保护现场的人民警察应当根据案件具体情况，划定保护范围，设置警戒线和告示牌，禁止无关人员进入现场。负责保护现场的人民警察除抢救伤员、紧急排险等情况外，不得进入现场，不得触动现场上的痕迹、物品和尸体；处理紧急情况时，应当尽可能避免破坏现场上的痕迹、物品和尸体，对现场保护情况应当予以记录，对现场原始情况应当拍照或者录像。负责保护现场的人民警察对现场可能受到自然、人为因素破坏的，应当对现场上的痕迹、物品和尸体等采取相应的保护措施。保护现场的时间，从发现刑事案件现场开始，至现场勘验、检查结束。需要继续勘验、检查或者需要保留现场的，应当对整个现场或者部分现场继续予以保护。负责现场保护的人民警察应当将现场保护情况及时报告现场勘验、检查指挥员。

◆ **第一百三十条　持证勘验、检查**

侦查人员执行勘验、检查，必须持有人民检察院或者公安机关的证明文件。

实用问答

1. 现场勘验、检查的指挥员依法履行哪些职责？

答：根据《公安机关刑事案件现场勘验检查规则》第22条的规定，现场勘验、检查的指挥员依法履行下列职责：（1）决定和组织实施现场勘验、检查的紧急措施；（2）制定和实施现场勘验、检查的工作方案；（3）对参加现场勘验、检查人员进行分工；（4）指挥、协调现场勘验、检查工作；（5）确定现场勘验、检查见证人；（6）审核现场勘验、检查工作记录；（7）组织现场分析；（8）决定对现场的处理。

2. 现场勘验、检查人员依法履行哪些职责？

答：根据《公安机关刑事案件现场勘验检查规则》第23条的规定，现场勘验、检查人员依法履行下列职责：（1）实施现场紧急处置；（2）开展现场调查访问；（3）发现、固定和提取现场痕迹、物证等；（4）记录现场保护情况、现场原始情况和现场勘验、检查情况，制作《现场勘验检查工作记录》；（5）参与现场分析；（6）提出处理现场的意见；（7）将现场勘验信息录入"全国公安机关现场勘验信息系统"；（8）利用现场信息串并案件。

◆ **第一百三十一条　尸体解剖**

对于死因不明的尸体，公安机关有权决定解剖，并且通知死者家属到场。

📄 **实用问答**

检验、解剖尸体时，应当照相、录像吗？

答：根据《公安机关刑事案件现场勘验检查规则》第41条的规定，检验、解剖尸体时，应当照相、录像。对尸体损伤痕迹和有关附着物等应当进行细目照相、录像。对无名尸体的面貌，生理、病理特征，以及衣着、携带物品和包裹尸体物品等，应当进行详细检查和记录，拍摄辨认照片。

◆ **第一百三十二条　人身检查**

为了确定被害人、犯罪嫌疑人的某些特征、伤害情况或者生理状态，可以对人身进行检查，可以提取指纹信息，采集血液、尿液等生物样本。

犯罪嫌疑人如果拒绝检查，侦查人员认为必要的时候，可以强制检查。

检查妇女的身体，应当由女工作人员或者医师进行。

> 📄 **实用问答**

人身检查与人身搜查有什么区别？

答：人身检查与人身搜查同为针对人身的侦查措施，但是二者仍有以下主要区别：（1）目的不同。人身检查是为了确定被害人、犯罪嫌疑人的某些生理特征和状态，搜查是为了收集可能隐藏于人身的犯罪证据。（2）主体不同。人身检查可由侦查人员或者受指派、聘请的医师进行，而搜查只能由侦查人员进行。（3）人身检查笔录可以直接作为证据使用。在人身搜查中，笔录只是侦查人员依法履行职责的记载和凭证，其本身并不用于证明案件事实，而在搜查中获取的物证、书证等则可以作为案件相关证据使用。

◆ **第一百三十三条　勘验、检查笔录**

> 勘验、检查的情况应当写成<u>笔录</u>，由参加勘验、检查的人和见证人<u>签名或者盖章</u>。

> 📄 **实用问答**

1. 现场勘验、检查结束后，应当如何处理？

答：根据《公安机关刑事案件现场勘验检查规则》第42条的规定，现场勘验、检查结束后，应当及时将现场信息录入"全国公安机关现场勘验信息系统"并制作《现场勘验检查工作记录》。其中，对命案现场信息应当在勘查结束后7个工作日内录入，对其他现场信息应当在勘查结束后5个工作日内录入。《现场勘验检查工作记录》包括现场勘验笔录、现场图、现场照片、现场录像和现场录音。

2. 现场勘验笔录正文需要载明哪些内容？

答：根据《公安机关刑事案件现场勘验检查规则》第44条的规定，现场勘验笔录正文需要载明现场勘验过程及结果，包括与犯罪有关的痕迹和物品的名称、位置、数量、性状、分布等情况，尸体的位置、衣着、姿势、血迹分布、性状和数量以及提取痕迹、物证情况等。

◆ **第一百三十四条　复验、复查**

人民检察院审查案件的时候，对公安机关的勘验、检查，认为需要复验、复查时，可以要求公安机关复验、复查，并且可以派检察人员参加。

实用问答

何时应当对现场进行复验、复查？

答：根据《公安机关刑事案件现场勘验检查规则》第79条的规定，遇有下列情形之一，应当对现场进行复验、复查：（1）案情重大、现场情况复杂的；（2）侦查工作需要从现场进一步收集信息、获取证据的；（3）人民检察院审查案件时认为需要复验、复查的；（4）当事人提出不同意见，公安机关认为有必要复验、复查的；（5）其他需要复验、复查的。

◆ **第一百三十五条　侦查实验**

为了查明案情，在必要的时候，经公安机关负责人批准，可以进行侦查实验。

侦查实验的情况应当写成笔录，由参加实验的人签名或者盖章。

侦查实验，禁止一切足以造成危险、侮辱人格或者有伤风化的行为。

📝 名词解释

侦查实验，是指为了确定与案件有关的某一事件或者某种事实在特定条件下能否发生或者怎样发生而模拟原来的条件，将该事件或事实重演或者进行试验的侦查活动。

📄 实用问答

1. 侦查实验的任务包括哪些？

答：根据《公安机关刑事案件现场勘验检查规则》第70条的规定，侦查实验的任务包括：（1）验证在现场条件下能否听到某种声音或者看到某种情形；（2）验证在一定时间内能否完成某一行为；（3）验证在现场条件下某种行为或者作用与遗留痕迹、物品的状态是否吻合；（4）确定某种条件下某种工具能否形成某种痕迹；（5）研究痕迹、物品在现场条件下的变化规律；（6）分析判断某一情节的发生过程和原因；（7）其他需要通过侦查实验作出进一步研究、分析、判断的情况。

2. 侦查实验应当符合哪些要求？

答：根据《公安机关刑事案件现场勘验检查规则》第71条的规定，侦查实验应当符合以下要求：（1）侦查实验一般在发案地点进行，燃烧、爆炸等危险性实验，应当在其他能够确保安全的地点进行；（2）侦查实验的时间、环境条件应当与发案时间、环境条件基本相同；(3) 侦查实验使用的工具、材料应当与发案现场一致或者基本一致；必要时，可以使用不同类型的工具或者材料进行对照实验；(4) 如条件许可，类同的侦查实验应当进行二次以上；(5) 评估实验结果应当考虑到客观环境、条件变化对实验的影响和可能出现的误差；(6) 侦查实验，禁止一切足以造成危险、侮辱人格或者有伤风化的行为。

第五节　搜　　查

◆ **第一百三十六条　搜查的对象**

为了收集犯罪证据、查获犯罪人，侦查人员可以对犯罪嫌疑人以及可能隐藏罪犯或者犯罪证据的人的身体、物品、住处和其他有关的地方进行搜查。

名词解释

搜查，是指侦查人员对与犯罪有关的人员或其他相关对象进行的搜索、查验的侦查活动。

实用问答

搜查的对象包括哪些？

答：搜查的对象为犯罪嫌疑人和案件有关的客体，包括可能隐藏罪犯或者犯罪证据的人的身体、物品、住处和其他有关的地方，但是依法免受搜查的地方除外，如《外交特权与豁免条例》第 4 条第 2 款中就明确规定，使馆的馆舍、设备及馆舍内其他财产和使馆交通工具免受搜查。

◆ 第一百三十七条　协助义务

任何单位和个人，有义务按照人民检察院和公安机关的要求，交出可以证明犯罪嫌疑人有罪或者无罪的物证、书证、视听资料等证据。

◆ 第一百三十八条　搜查证

进行搜查，必须向被搜查人出示搜查证。

在执行逮捕、拘留的时候，遇有紧急情况，不另用搜查证也可以进行搜查。

实用问答

执行拘留、逮捕时，遇有哪些紧急情况，不用搜查证也可以进行搜查？

答：根据《公安机关办理刑事案件程序规定》第224条的规定，执行拘留、逮捕的时候，遇有下列紧急情况之一的，不用搜查证也可以进行搜查：（1）可能随身携带凶器的；（2）可能隐藏爆炸、剧毒等危险物品的；（3）可能隐匿、毁弃、转移犯罪证据的；（4）可能隐匿其他犯罪嫌疑人的；（5）其他突然发生的紧急情况。

◆ 第一百三十九条　搜查要求

在搜查的时候，应当有被搜查人或者他的家属，邻居或者其他见证人在场。

搜查妇女的身体，应当由女工作人员进行。

◆ **第一百四十条　搜查笔录**

搜查的情况应当写成笔录,由侦查人员和被搜查人或者他的家属,邻居或者其他见证人签名或者盖章。如果被搜查人或者他的家属在逃或者拒绝签名、盖章,应当在笔录上注明。

第六节　查封、扣押物证、书证

◆ **第一百四十一条　查封、扣押的对象**

在侦查活动中发现的可用以证明犯罪嫌疑人有罪或者无罪的各种财物、文件,应当查封、扣押;与案件无关的财物、文件,不得查封、扣押。

对查封、扣押的财物、文件,要妥善保管或者封存,不得使用、调换或者损毁。

实用问答

1. 公安机关如何依法查封涉案的不动产和特定动产?

答:根据《公安机关办理刑事案件适用查封、冻结措施有关规定》第5条的规定,根据侦查犯罪的需要,公安机关可以依法查封涉案的土地、房屋等不动产,以及涉案的车辆、船舶、航空器和大型机器、设备等特定动产。必要时,可以一并扣押证明其财产所有权或者相关权益的法律文件和文书。置于不动产上的设施、家具和其他相关物品,需要作为证据使用的,应当扣押;不宜移动的,可以一并查封。

2. 公安机关查封涉案财产的查封期限是多久？

答：根据《公安机关办理刑事案件适用查封、冻结措施有关规定》第 7 条的规定，查封期限不得超过 2 年。期限届满可以续封 1 次，续封应当经作出原查封决定的县级以上公安机关负责人批准，在期限届满前五日以内重新制作查封决定书和协助查封通知书，送交有关部门协助办理，续封期限最长不得超过 1 年。案件重大复杂，确需再续封的，应当经设区的市一级以上公安机关负责人批准，在期限届满前 5 日以内重新制作查封决定书和协助查封通知书，且每次再续封的期限最长不得超过 1 年。查封期限届满，未办理续封手续的，查封自动解除。公安机关应当及时将续封决定告知有关当事人。

◆ **第一百四十二条　查封、扣押清单**

> 对查封、扣押的财物、文件，应当会同在场见证人和被查封、扣押财物、文件持有人查点清楚，当场开列清单一式二份，由侦查人员、见证人和持有人签名或者盖章，一份交给持有人，另一份附卷备查。

实用问答

1. 如何制作查封、扣押清单？

答：根据《公安机关办理刑事案件程序规定》第 230 条的规定，对查封、扣押的财物和文件，应当会同在场见证人和被查封、扣押财物、文件的持有人查点清楚，当场开列查封、扣押清单一式 3 份，写明财物或者文件的名称、编号、数量、特征及其来源等，由侦查人员、持有人和见证人签名，一份交给持有人，一份交给公安机关保管人员，一份附卷备查。对于财物、文件的持有人无法确定，以及持有人不在现场或者拒绝签名的，侦查人员应当在清单中注明。

依法扣押文物、贵金属、珠宝、字画等贵重财物的，应当拍照或者录音录像，并及时鉴定、估价。执行查封、扣押时，应当为犯罪嫌疑人及其所扶养的亲属保留必需的生活费用和物品。能够保证侦查活动正常进行的，可以允许有关当事人继续合理使用有关涉案财物，但应当采取必要的保值、保管措施。

2. 对作为犯罪证据但不便提取或者没有必要提取的财物、文件应当如何进行查封、扣押？

答：根据《公安机关办理刑事案件程序规定》第231条的规定，对作为犯罪证据但不便提取或者没有必要提取的财物、文件，经登记、拍照或者录音录像、估价后，可以交财物、文件持有人保管或者封存，并且开具登记保存清单一式2份，由侦查人员、持有人和见证人签名，一份交给财物、文件持有人，另一份连同照片或者录音录像资料附卷备查。财物、文件持有人应当妥善保管，不得转移、变卖、毁损。

◆ **第一百四十三条　扣押邮件电报**

侦查人员认为需要扣押犯罪嫌疑人的邮件、电报的时候，经公安机关或者人民检察院批准，即可通知邮电机关将有关的邮件、电报检交扣押。

不需要继续扣押的时候，应即通知邮电机关。

实用问答

对查封、扣押的财物、文件、邮件、电子邮件、电报，经查明确实与案件无关的，应当如何处理？

答：根据《公安机关办理刑事案件程序规定》第233条的规定，

对查封、扣押的财物、文件、邮件、电子邮件、电报，经查明确实与案件无关的，应当在 3 日以内解除查封、扣押，退还原主或者原邮电部门、网络服务单位；原主不明确的，应当采取公告方式告知原主认领。在通知原主或者公告后 6 个月以内，无人认领的，按照无主财物处理，登记后上缴国库。

> ◆ **第一百四十四条　查询、冻结财产**
>
> 　　人民检察院、公安机关根据侦查犯罪的需要，可以依照规定查询、冻结犯罪嫌疑人的存款、汇款、债券、股票、基金份额等财产。有关单位和个人应当配合。
> 　　犯罪嫌疑人的存款、汇款、债券、股票、基金份额等财产已被冻结的，不得重复冻结。

实用问答

1. 冻结存款、汇款、证券交易结算资金、期货保证金等财产的期限是多久？

答：根据《公安机关办理刑事案件程序规定》第 243 条的规定，冻结存款、汇款、证券交易结算资金、期货保证金等财产的期限为 6 个月。每次续冻期限最长不得超过 6 个月。对于重大、复杂案件，经设区的市一级以上公安机关负责人批准，冻结存款、汇款、证券交易结算资金、期货保证金等财产的期限可以为 1 年。每次续冻期限最长不得超过 1 年。

2. 冻结债券、股票、基金份额等证券的期限是多久？

答：根据《公安机关办理刑事案件程序规定》第 244 条的规定，冻结债券、股票、基金份额等证券的期限为 2 年。每次续冻期限最长不得超过 2 年。

3. 冻结股权、保单权益或者投资权益的期限是多久？

答：根据《公安机关办理刑事案件程序规定》第 245 条的规定，冻结股权、保单权益或者投资权益的期限为 6 个月。每次续冻期限最长不得超过 6 个月。

4. 哪些财产可以依法先行出售、变现或者变卖、拍卖？

答：根据《反有组织犯罪法》第 43 条的规定，对下列财产，经县级以上公安机关、人民检察院或者人民法院主要负责人批准，可以依法先行出售、变现或者变卖、拍卖，所得价款由扣押、冻结机关保管，并及时告知犯罪嫌疑人、被告人或者其近亲属：（1）易损毁、灭失、变质等不宜长期保存的物品；（2）有效期即将届满的汇票、本票、支票等；（3）债券、股票、基金份额等财产，经权利人申请，出售不损害国家利益、被害人利益，不影响诉讼正常进行的。

◆ **第一百四十五条　查封、扣押、冻结的解除**

对查封、扣押的财物、文件、邮件、电报或者冻结的存款、汇款、债券、股票、基金份额等财产，经查明确实与案件无关的，应当在三日以内解除查封、扣押、冻结，<u>予以退还</u>。

实用问答

公安机关应当如何保管查封、扣押的财物及其孳息、文件？

答：根据《公安机关办理刑事案件程序规定》第 235 条的规定，对查封、扣押的财物及其孳息、文件，公安机关应当妥善保管，以供核查。任何单位和个人不得违规使用、调换、损毁或者自行处理。县级以上公安机关应当指定一个内设部门作为涉案财物管理部门，负责对涉案财物实行统一管理，并设立或者指定专门保管场所，对涉案财物进行集中保管。对价值较低、易于保管，或者需要作为证据继续使用，以及需要先行返还被害人的涉案财物，可以由办案部门设置专门的场所进行保管。办案部门应当指定不承担办案工作的民警负责本部门涉案财物的接收、保管、移交等管理工作；严禁由侦查人员自行保管涉案财物。

第七节 鉴　　定

◆ **第一百四十六条　鉴定的启动**

为了查明案情，需要解决案件中某些专门性问题的时候，应当指派、聘请有专门知识的人进行鉴定。

实用问答

1. 侦查机关常用的专门性鉴定包括哪些？

答：根据法律规定和司法实践经验，侦查机关常用的专门性鉴定包括：（1）法医类鉴定，包括法医病理鉴定、法医临床鉴定、法医精神病鉴定（即对人的精神状态、责任能力进行鉴别判断的活动）、法医物证鉴定（即对与案件有关的尸体、人身、分泌物、排泄物、胃内物、毛发等进行鉴别判断的活动）和法医毒物鉴定。（2）物证类鉴定，包括文书鉴定、痕迹鉴定（即对指纹、脚印、字迹、弹痕等进行的鉴别判断活动）和微量鉴定。（3）声像资料鉴定，包括对录音带、录像带、磁盘、光盘、图片等载体上记录的声音、图像信息的真实性、完整性及其所反映的情况过程进行的鉴定和对记录的声音、图像中的语言、人体、物体作出种类或者同一认定。（4）环境损害司法鉴定,包括污染物性质鉴别、地表水和沉积物环境损害鉴定、空气污染环境损害鉴定、土壤与地下水环境损害鉴定等。此外,把握办理案件的需要,有的案件还需进行会计鉴定(即对账目、表册、单据、发票、支票等书面材料进行的鉴别判断活动)、技术问题鉴定(即对涉及工业、交通、建筑等方面的科学技术进行鉴别判断活动)等。

2. 鉴定机构及其鉴定人在哪些情况下应当中止鉴定?

答:根据《公安机关鉴定规则》第36条第1款的规定,有下列情形之一的,鉴定机构及其鉴定人应当中止鉴定:(1)因存在技术障碍无法继续进行鉴定的;(2)需补充鉴定材料无法补充的;(3)委托鉴定单位书面要求中止鉴定的;(4)因不可抗力致使鉴定无法继续进行的;(5)委托鉴定单位拒不履行鉴定委托书规定的义务,被鉴定人拒不配合或者鉴定活动受到严重干扰,致使鉴定无法继续进行的。

◆ **第一百四十七条 鉴定的程序与要求**

鉴定人进行鉴定后,应当写出鉴定意见,并且签名。
鉴定人故意作虚假鉴定的,应当承担法律责任。

名词解释

鉴定人,是指取得鉴定人资格,在鉴定机构中从事法医类、物证类、声像资料、司法会计鉴定以及心理测试等工作的专业技术人员。

> **实用问答**

应当如何对鉴定意见进行处理？

答：根据《公安机关办理刑事案件程序规定》第252条的规定，对鉴定意见，侦查人员应当进行审查。对经审查作为证据使用的鉴定意见，公安机关应当及时告知犯罪嫌疑人、被害人或者其法定代理人。

◆ **第一百四十八条　鉴定意见的告知及异议**

侦查机关应当将用作证据的鉴定意见告知犯罪嫌疑人、被害人。如果犯罪嫌疑人、被害人提出申请，可以<u>补充鉴定或者重新鉴定</u>。

> **实用问答**

1. 重新鉴定和补充鉴定有哪些启动方式？

答：重新鉴定和补充鉴定有两种启动方式：第一种启动方式为依申请。犯罪嫌疑人、被害人及其近亲属或者诉讼代理人有申请重新鉴定和补充鉴定的权利。他们可以向侦查机关提出重新鉴定和补充鉴定的申请，经侦查机关负责人同意后，可以开展重新鉴定或者补充鉴定，但是费用需要由申请人负担。第二种启动方式为依职权。办案部门或者侦查人员认为鉴定意见本身存在疏漏或者鉴定程序存在问题的，经县级以上侦查机关负责人批准，应当补充鉴定或者重新鉴定。并且依照《刑事诉讼法》的规定，人民检察院在对侦查工作进行监督的过程中，如果对鉴定意见有疑问，也可以要求侦查机关重新鉴定或者补充鉴定。为了确保重新鉴定或者补充鉴定基本的中立性立场，侦查机关需要重新指派或者聘请鉴定人进行鉴定。曾经参与过先前鉴定工作的人员应当回避。

2. 何时应当补充鉴定？

答：根据《公安机关办理刑事案件程序规定》第 254 条的规定，经审查，发现有下列情形之一的，经县级以上公安机关负责人批准，应当补充鉴定：（1）鉴定内容有明显遗漏的；（2）发现新的有鉴定意义的证物的；（3）对鉴定证物有新的鉴定要求的；（4）鉴定意见不完整，委托事项无法确定的；（5）其他需要补充鉴定的情形。经审查，不符合上述情形的，经县级以上公安机关负责人批准，作出不准予补充鉴定的决定，并在作出决定后 3 日以内书面通知申请人。

3. 何时应当重新鉴定？

答：根据《公安机关办理刑事案件程序规定》第 255 条的规定，经审查，发现有下列情形之一的，经县级以上公安机关负责人批准，应当重新鉴定：（1）鉴定程序违法或者违反相关专业技术要求的；（2）鉴定机构、鉴定人不具备鉴定资质和条件的；（3）鉴定人故意作虚假鉴定或者违反回避规定的；（4）鉴定意见依据明显不足的；（5）检材虚假或者被损坏的；（6）其他应当重新鉴定的情形。重新鉴定，应当另行指派或者聘请鉴定人。经审查，不符合前述情形的，经县级以上公安机关负责人批准，作出不准重新鉴定的决定，并在作出决定后 3 日以内书面通知申请人。

◆ **第一百四十九条　精神病鉴定的期间**

对犯罪嫌疑人作精神病鉴定的期间不计入办案期限。

名词解释

司法精神病鉴定，是指应用精神病学技术，以国家法律和有关规定为准则,协助公安和司法部门,解决案件审理中有关精神病学问题的措施。

实用问答

刑事案件中的司法精神病鉴定包括哪些内容?

答:刑事案件中的司法精神病鉴定包括:确定被鉴定人是否患有精神疾病,患何种精神疾病,实施危害行为时的精神状态,精神疾病和所实施危害行为之间的关系,以及有无刑事责任能力;确定被鉴定人在诉讼过程中的精神状态以及有无诉讼能力;确定被鉴定人在服刑期间的精神状态以及对应当采取的法律措施的建议。司法精神病鉴定是一个复杂的过程。司法精神病鉴定的结果有可能直接影响刑事追诉活动是否继续进行。

第八节 技术侦查措施

◆ **第一百五十条 技术侦查措施的范围和批准手续**

公安机关在立案后,对于危害国家安全犯罪、恐怖活动犯罪、黑社会性质的组织犯罪、重大毒品犯罪或者其他严重危害社会的犯罪案件,根据侦查犯罪的需要,经过严格的批准手续,可以采取技术侦查措施。

人民检察院在立案后,对于利用职权实施的严重侵犯公民人身权利的重大犯罪案件,根据侦查犯罪的需要,经过严格的批准手续,可以采取技术侦查措施,按照规定交有关机关执行。

追捕被通缉或者批准、决定逮捕的在逃的犯罪嫌疑人、被告人,经过批准,可以采取追捕所必需的技术侦查措施。

名词解释

技术侦查措施，是指由设区的市一级以上公安机关负责技术侦查的部门实施的记录监控、行踪监控、通信监控、场所监控等措施。

实用问答

公安机关可以对哪些严重危害社会的犯罪案件采取技术侦查措施？

答：根据《公安机关办理刑事案件程序规定》第263条的规定，公安机关在立案后，根据侦查犯罪的需要，可以对下列严重危害社会的犯罪案件采取技术侦查措施：（1）危害国家安全犯罪、恐怖活动犯罪、黑社会性质的组织犯罪、重大毒品犯罪案件；（2）故意杀人、故意伤害致人重伤或者死亡、强奸、抢劫、绑架、放火、爆炸、投放危险物质等严重暴力犯罪案件；（3）集团性、系列性、跨区域性重大犯罪案件；（4）利用电信、计算机网络、寄递渠道等实施的重大犯罪案件，以及针对计算机网络实施的重大犯罪案件；（5）其他严重危害社会的犯罪案件，依法可能判处7年以上有期徒刑的。公安机关追捕被通缉或者批准、决定逮捕的在逃的犯罪嫌疑人、被告人，可以采取追捕所必需的技术侦查措施。

◆ 第一百五十一条 技术侦查措施期限

批准决定应当根据侦查犯罪的需要，确定采取技术侦查措施的种类和适用对象。批准决定自签发之日起三个月以内有效。对于不需要继续采取技术侦查措施的，应当及时解除；对于复杂、疑难案件，期限届满仍有必要继续采取技术侦查措施的，经过批准，有效期可以延长，每次不得超过三个月。

📄 **实用问答**

需要采取技术侦查措施的，应当报哪些机关批准？由哪些机关执行？

答：根据《公安机关办理刑事案件程序规定》第265条的规定，需要采取技术侦查措施的，应当制作呈请采取技术侦查措施报告书，报设区的市一级以上公安机关负责人批准，制作采取技术侦查措施决定书。人民检察院等部门决定采取技术侦查措施，交公安机关执行的，由设区的市一级以上公安机关按照规定办理相关手续后，交负责技术侦查的部门执行，并将执行情况通知人民检察院等部门。

◆ **第一百五十二条　技术侦查措施的执行和保密义务**

采取技术侦查措施，必须<u>严格按照批准的措施种类、适用对象和期限执行</u>。

侦查人员对采取技术侦查措施过程中知悉的国家秘密、商业秘密和个人隐私，<u>应当保密</u>；对采取技术侦查措施获取的与案件无关的材料，<u>必须及时销毁</u>。

采取技术侦查措施获取的材料，只能用于对犯罪的侦查、起诉和审判，<u>不得用于其他用途</u>。

公安机关依法采取技术侦查措施，有关单位和个人<u>应当配合</u>，并对有关情况予以保密。

📄 **实用问答**

技术侦查措施可以分为几类？

答：技术侦查措施以实施对象为标准可以分为以下三类：（1）以

犯罪嫌疑人的通信工具为实施对象的技术侦查措施，如电话侦听、网络侦控等；（2）以人为实施对象的技术侦查措施，如秘密跟踪、密拍密录等；（3）以物为实施对象的技术侦查措施，如秘密搜查、秘密检查等。

> ◆ **第一百五十三条　隐匿身份侦查、控制下交付**
>
> 　　为了查明案情，在必要的时候，经公安机关负责人决定，可以由有关人员<u>隐匿其身份实施侦查</u>。但是，不得诱使他人犯罪，不得采用可能危害公共安全或者发生重大人身危险的方法。
>
> 　　对涉及给付毒品等违禁品或者财物的犯罪活动，公安机关根据侦查犯罪的需要，可以依照规定实施<u>控制下交付</u>。

> ◆ **第一百五十四条　证据转化**
>
> 　　依照本节规定采取侦查措施收集的材料在刑事诉讼中可以作为证据使用。如果使用该证据可能危及有关人员的人身安全，或者可能产生其他严重后果的，应当采取不暴露有关人员身份、技术方法等保护措施，必要的时候，可以由<u>审判人员在庭外对证据进行核实</u>。

实用问答

采取技术侦查措施收集的材料应如何处理？

答： 根据《公安机关办理刑事案件程序规定》第269条的规定，采取技术侦查措施收集的材料，应当严格依照有关规定存放，只能用于对犯罪的侦查、起诉和审判，不得用于其他用途。采取技术侦查措施收集的与案件无关的材料，必须及时销毁，并制作销毁记录。

第九节 通　缉

◆ **第一百五十五条　通缉**

应当逮捕的犯罪嫌疑人如果在逃，公安机关可以发布通缉令，采取有效措施，追捕归案。

各级公安机关在自己管辖的地区以内，可以直接发布通缉令；超出自己管辖的地区，应当报请有权决定的上级机关发布。

实用问答

1. 通缉令中应当写明哪些内容？

答：根据《公安机关办理刑事案件程序规定》第275条的规定，通缉令中应当尽可能写明被通缉人的姓名、别名、曾用名、绰号、性别、年龄、民族、籍贯、出生地、户籍所在地、居住地、职业、身份证号码、衣着和体貌特征、口音、行为习惯，并附被通缉人近期照片，可以附指纹及其他物证的照片。除了必须保密的事项以外，应当写明发案的时间、地点和简要案情。

2. 公安机关接到通缉令后，应当如何处理？

答：根据《公安机关办理刑事案件程序规定》第277条的规定，公安机关接到通缉令后，应当及时布置查缉。抓获犯罪嫌疑人后，报经县级以上公安机关负责人批准，凭通缉令或者相关法律文书羁押，并通知通缉令发布机关进行核实，办理交接手续。

第十节 侦查终结

> **第一百五十六条 一般侦查羁押期限及其延长**
>
> 对犯罪嫌疑人逮捕后的侦查羁押期限不得超过二个月。案情复杂、期限届满不能终结的案件,可以经上一级人民检察院批准延长一个月。

名词解释

侦查羁押期限,是指犯罪嫌疑人被逮捕之后剥夺人身自由的期限。

实用问答

1. 公安机关需要延长侦查羁押期限的,应当何时提请批准?

答:根据《人民检察院刑事诉讼规则》第 309 条的规定,公安机关需要延长侦查羁押期限的,人民检察院应当要求其在侦查羁押期限届满 7 日前提请批准延长侦查羁押期限。人民检察院办理直接受理侦查的案件,负责侦查的部门认为需要延长侦查羁押期限的,应当按照前述规定向本院负责捕诉的部门移送延长侦查羁押期限意见书及有关材料。对于超过法定羁押期限提请延长侦查羁押期限的,不予受理。

2. 人民检察院对于哪些案件应当作出批准延长侦查羁押期限 1 个月的决定?

答:根据《人民检察院刑事诉讼规则》第 311 条的规定,对于同时具备下列条件的案件,人民检察院应当作出批准延长侦查羁押期限1个月的决定：（1）符合《刑事诉讼法》第156条的规定；（2）符合逮捕条件；（3）犯罪嫌疑人有继续羁押的必要。

◆ **第一百五十七条　特殊侦查羁押期限**

因为特殊原因，在较长时间内不宜交付审判的特别重大复杂的案件，由最高人民检察院报请全国人民代表大会常务委员会批准延期审理。

◆ **第一百五十八条　重大复杂案件侦查羁押期限的延长**

下列案件在本法第一百五十六条规定的期限届满不能侦查终结的，经省、自治区、直辖市人民检察院批准或者决定，可以延长二个月：

（一）交通十分不便的边远地区的重大复杂案件；
（二）重大的犯罪集团案件；
（三）流窜作案的重大复杂案件；
（四）犯罪涉及面广，取证困难的重大复杂案件。

◆ **第一百五十九条　重刑案件侦查羁押期限的延长**

对犯罪嫌疑人可能判处十年有期徒刑以上刑罚，依照本法第一百五十八条规定延长期限届满，仍不能侦查终结的，经省、自治区、直辖市人民检察院批准或者决定，可以再延长二个月。

◆ **第一百六十条　侦查羁押期限计算的两种特殊情形**

在侦查期间，发现犯罪嫌疑人另有重要罪行的，自发现之日起依照本法第一百五十六条的规定重新计算侦查羁押期限。

犯罪嫌疑人不讲真实姓名、住址，身份不明的，应当对其身份进行调查，侦查羁押期限自查清其身份之日起计算，但是不得停止对其犯罪行为的侦查取证。对于犯罪事实清楚,证据确实、充分,确实无法查明其身份的,也可以按其自报的姓名起诉、审判。

◆ **第一百六十一条　辩护律师意见听取**

在案件侦查终结前,辩护律师提出要求的,侦查机关应当听取辩护律师的意见,并记录在案。辩护律师提出书面意见的,应当附卷。

◆ **第一百六十二条　移送审查起诉**

公安机关侦查终结的案件,应当做到犯罪事实清楚,证据确实、充分,并且写出起诉意见书,连同案卷材料、证据一并移送同级人民检察院审查决定;同时将案件移送情况告知犯罪嫌疑人及其辩护律师。

犯罪嫌疑人自愿认罪的,应当记录在案,随案移送,并在起诉意见书中写明有关情况。

实用问答

1. 报请核准追诉的案件应当同时符合哪些条件?

答:根据《人民检察院刑事诉讼规则》第 322 条的规定,报请核准追诉的案件应当同时符合下列条件:(1)有证据证明存在犯罪事实,且犯罪事实是犯罪嫌疑人实施的;(2)涉嫌犯罪的行为应当适用的法定量刑幅度的最高刑为无期徒刑或者死刑;(3)涉嫌犯罪的性质、情节和后果特别严重,虽然已过 20 年追诉期限,但社会危害性和影响依然存在,不追诉会严重影响社会稳定或者产生其他严重后果，而必须追诉的；（4）犯罪嫌疑人能够及时到案接受追诉。

2. 侦查终结的案件应当同时符合哪些条件？

答：根据《公安机关办理刑事案件程序规定》第 283 条的规定，侦查终结的案件，应当同时符合以下条件：（1）案件事实清楚；（2）证据确实、充分；（3）犯罪性质和罪名认定正确；（4）法律手续完备；（5）依法应当追究刑事责任。

> ◆ **第一百六十三条　撤销案件**
>
> 　　在侦查过程中，发现不应对犯罪嫌疑人追究刑事责任的，应当撤销案件；犯罪嫌疑人已被逮捕的，应当立即释放，发给释放证明，并且通知原批准逮捕的人民检察院。

名词解释

撤销案件，是指侦查机关对立案侦查的案件，发现具有某种法定情形，或者经过侦查否定了原来的立案根据，从而结束刑事追诉程序的决定。

实用问答

经过侦查，哪些情况下应当撤销案件？

答：根据《公安机关办理刑事案件程序规定》第 186 条的规定，经过侦查，发现具有下列情形之一的，应当撤销案件：（1）没有犯罪事实的；（2）情节显著轻微、危害不大，不认为是犯罪的；（3）犯罪已过追诉时效期限的；（4）经特赦令免除刑罚的；（5）犯罪嫌疑人死亡的；（6）其他依法不追究刑事责任的。对于经过侦查，发现有犯罪事实需要追究刑事责任，但不是被立案侦查的犯罪嫌疑人实施的，或者共同犯罪案件中部分犯罪嫌疑人不够刑事处罚的，应当对有关犯罪嫌疑人终止侦查，并对该案件继续侦查。

第十一节　人民检察院对直接受理的案件的侦查

◆ **第一百六十四条　自侦案件的法律适用**

人民检察院对直接受理的案件的侦查适用本章规定。

◆ **第一百六十五条　自侦案件中的拘留、逮捕**

人民检察院直接受理的案件中符合本法第八十一条、第八十二条第四项、第五项规定情形，需要逮捕、拘留犯罪嫌疑人的，由人民检察院作出决定，由公安机关执行。

实用问答

人民检察院对哪些犯罪嫌疑人可以决定拘留？

答：根据《人民检察院刑事诉讼规则》第121条的规定，人民检察院对于具有下列情形之一的犯罪嫌疑人，可以决定拘留：（1）犯罪后企图自杀、逃跑或者在逃的；（2）有毁灭、伪造证据或者串供可能的。

◆ **第一百六十六条　自侦案件中对被拘留人的处理**

人民检察院对直接受理的案件中被拘留的人，应当在拘留后的二十四小时以内进行讯问。在发现不应当拘留的时候，必须立即释放，发给释放证明。

实用问答

不应当拘留主要包括哪些情形？

答："不应当拘留"是指拘留不符合法定条件，主要有以下两种情况：（1）由于案件来源、信息、判断等错误，拘错了人，对于这种情况对被拘留人必须讲明原因，立即释放，发给释放证明；（2）被拘留的人实施的行为，情节显著轻微、危害不大的，不认为是犯罪等。

◆ **第一百六十七条　自侦案件中逮捕的时限**

人民检察院对直接受理的案件中被拘留的人，认为需要逮捕的，应当在十四日以内作出决定。在特殊情况下，决定逮捕的时间可以延长一日至三日。对不需要逮捕的，应当立即释放；对需要继续侦查，并且符合取保候审、监视居住条件的，依法取保候审或者监视居住。

◆ **第一百六十八条　自侦案件侦查终结的处理**

人民检察院侦查终结的案件，应当作出提起公诉、不起诉或者撤销案件的决定。

> 实用问答

人民检察院侦查终结的案件有哪些处理方式?

答: 人民检察院侦查终结的案件,根据案件的情况有三种处理方式:(1)提起公诉。经过侦查,认为犯罪事实清楚,证据确实、充分,依法应当追究刑事责任的案件,侦查人员应当写出侦查终结报告,并且制作起诉意见书。(2)不起诉。对于犯罪情节轻微,依照刑法规定不需要判处刑罚或者免除刑罚的案件,侦查人员应当写出侦查终结报告,并且制作不起诉意见书。(3)撤销案件。侦查过程中,发现具有《刑事诉讼法》第16条规定情形之一的,应当由检察人员写出撤销案件意见书,经侦查部门负责人审核后,报请检察长或者检察委员会决定撤销案件。

第三章　提起公诉

◆ **第一百六十九条　公诉权**

凡需要提起公诉的案件，一律由人民检察院审查决定。

名词解释

公诉，是指由国家设立的专门机关及其人员依法向法院提出诉讼，要求法院通过审判追究被告人刑事责任的一种诉讼活动。

公诉权，是指法律规定具有公诉职能的机关代表国家为追究被告人的刑事责任向审判机关提起诉讼的权力。

实用问答

监察机关移送起诉的案件，需要依照刑事诉讼法的规定指定审判管辖的，人民检察院应当如何处理？

答：根据《人民检察院刑事诉讼规则》第 329 条的规定，监察机关移送起诉的案件，需要依照刑事诉讼法的规定指定审判管辖的，人民检察院应当在监察机关移送起诉 20 日前协商同级人民法院办理指定管辖有关事宜。

◆ **第一百七十条　监察机关移送起诉案件的处理**

人民检察院对于监察机关移送起诉的案件，依照本法和监察法的有关规定进行审查。人民检察院经审查，认为需要补充核实的，应当退回监察机关补充调查，必要时可以自行补充侦查。

对于监察机关移送起诉的已采取留置措施的案件，人民检察院应当对犯罪嫌疑人先行拘留，留置措施自动解除。人民检察院应当在拘留后的十日以内作出是否逮捕、取保候审或者监视居住的决定。在特殊情况下，决定的时间可以延长一日至四日。人民检察院决定采取强制措施的期间不计入审查起诉期限。

◆ **第一百七十一条　审查起诉的内容**

人民检察院审查案件的时候，必须查明：

（一）犯罪事实、情节是否清楚，证据是否确实、充分，犯罪性质和罪名的认定是否正确；

（二）有无遗漏罪行和其他应当追究刑事责任的人；

（三）是否属于不应追究刑事责任的；

（四）有无附带民事诉讼；

（五）侦查活动是否合法。

名词解释

审查起诉，是指人民检察院对于侦查终结、移送起诉的案件受理后，依法进行审查，以决定是否对犯罪嫌疑人提起公诉的诉讼活动。

实用问答

1. 审查起诉阶段，对于在侦查阶段认罪认罚的案件，人民检察院应当重点审查哪些内容？

答：根据《人民检察院刑事诉讼规则》第 271 条的规定，审查起诉阶段，对于在侦查阶段认罪认罚的案件，人民检察院应当重点审查以下内容：（1）犯罪嫌疑人是否自愿认罪认罚，有无因受到暴力、威胁、引诱而违背意愿认罪认罚；（2）犯罪嫌疑人认罪认罚时的认知能力和精神状态是否正常；（3）犯罪嫌疑人是否理解认罪认罚的性质和可能导致的法律后果；（4）公安机关是否告知犯罪嫌疑人享有的诉讼权利，如实供述自己罪行可以从宽处理和认罪认罚的法律规定，并听取意见；（5）起诉意见书中是否写明犯罪嫌疑人认罪认罚情况；（6）犯罪嫌疑人是否真诚悔罪，是否向被害人赔礼道歉。经审查，犯罪嫌疑人违背意愿认罪认罚的，人民检察院可以重新开展认罪认罚工作。存在刑讯逼供等非法取证行为的，依照法律规定处理。

2. 人民检察院审查移送起诉的案件，应当查明哪些内容？

答：根据《人民检察院刑事诉讼规则》第330条的规定，人民检察院审查移送起诉的案件，应当查明：（1）犯罪嫌疑人身份状况是否清楚，包括姓名、性别、国籍、出生年月日、职业和单位等；单位犯罪的，单位的相关情况是否清楚；（2）犯罪事实、情节是否清楚；实施犯罪的时间、地点、手段、危害后果是否明确；（3）认定犯罪性质和罪名的意见是否正确；有无法定的从重、从轻、减轻或者免除处罚情节及酌定从重、从轻情节；共同犯罪案件的犯罪嫌疑人在犯罪活动中的责任认定是否恰当；（4）犯罪嫌疑人是否认罪认罚；（5）证明犯罪事实的证据材料是否随案移送；证明相关财产系违法所得的证据材料是否随案移送；不宜移送的证据的清单、复制件、照片或者其他证明文件是否随案移送；（6）证据是否确实、充分，是否依法收集，有无应当排除非法证据的情形；（7）采取侦查措施包括技术侦查措施的法律手续和诉讼文书是否完备；（8）有无遗漏罪行和其他应当追究刑事责任的人；（9）是否属于不应当追究刑事责任的；（10）有无附带民事诉讼；对于国家财产、集体财产遭受损失的，是否需要由人民检察院提起附带民事诉讼；对于破坏生态环境和资源保护，食品药品安全领域侵害众多消费者合法权益，侵害英雄烈士的姓名、肖像、名誉、荣誉等损害社会公共利益的行为，是否需要由人民检察院提起附带民事公益诉讼；（11）采取的强制措施是否适当，对于已经逮捕的犯罪嫌疑人，有无继续羁押的必要；（12）侦查活动是否合法；（13）涉案财物是否查封、扣押、冻结并妥善保管，清单是否齐备；对被害人合法财产的返还和对违禁品或者不宜长期保存的物品的处理是否妥当，移送的证明文件是否完备。

◆ **第一百七十二条　审查起诉的期限**

人民检察院对于监察机关、公安机关移送起诉的案件，应当在一个月以内作出决定，重大、复杂的案件，可以延长十五日；犯罪嫌疑人认罪认罚，符合速裁程序适用条件的，应当在十日以内作出决定，对可能判处的有期徒刑超过一年的，可以延长至十五日。

人民检察院审查起诉的案件，改变管辖的，从改变后的人民检察院收到案件之日起计算审查起诉期限。

✎ **名词解释**

改变管辖，是指人民检察院在审查起诉的过程中，发现案件不属于其管辖范围，或者案件需要依法调整管辖的情况。

◆ **第一百七十三条　审查起诉的程序**

人民检察院审查案件，应当讯问犯罪嫌疑人，听取辩护人或者值班律师、被害人及其诉讼代理人的意见，并记录在案。辩护人或者值班律师、被害人及其诉讼代理人提出书面意见的，应当附卷。

犯罪嫌疑人认罪认罚的，人民检察院应当告知其享有的诉讼权利和认罪认罚的法律规定，听取犯罪嫌疑人、辩护人或者值班律师、被害人及其诉讼代理人对下列事项的意见，并记录在案：

（一）涉嫌的犯罪事实、罪名及适用的法律规定；
（二）从轻、减轻或者免除处罚等从宽处罚的建议；
（三）认罪认罚后案件审理适用的程序；
（四）其他需要听取意见的事项。

人民检察院依照前两款规定听取值班律师意见的，应当提前为值班律师了解案件有关情况提供必要的便利。

实用问答

人民检察院应当如何给犯罪嫌疑人提供法律援助？

答：根据《人民检察院刑事诉讼规则》第 268 条的规定，人民检察院应当商法律援助机构设立法律援助工作站派驻值班律师或者及时安排值班律师，为犯罪嫌疑人提供法律咨询、程序选择建议、申请变更强制措施、对案件处理提出意见等法律帮助。人民检察院应当告知犯罪嫌疑人有权约见值班律师，并为其约见值班律师提供便利。

◆ 第一百七十四条　签署认罪认罚具结书

犯罪嫌疑人自愿认罪，同意量刑建议和程序适用的，应当在辩护人或者值班律师在场的情况下签署认罪认罚具结书。

犯罪嫌疑人认罪认罚，有下列情形之一的，不需要签署认罪认罚具结书：

（一）犯罪嫌疑人是盲、聋、哑人，或者是尚未完全丧失辨认或者控制自己行为能力的精神病人的；

（二）未成年犯罪嫌疑人的法定代理人、辩护人对未成年人认罪认罚有异议的；

（三）其他不需要签署认罪认罚具结书的情形。

名词解释

认罪认罚具结书，是指犯罪嫌疑人自愿如实供述犯罪事实，承认自己的罪行，对指控的犯罪事实没有异议，愿意接受处罚而签署的法律文书。

实用问答

人民检察院办理认罪认罚案件是否应当同步录音录像？

答：根据《人民检察院办理认罪认罚案件听取意见同步录音录像规定》第2条的规定，人民检察院办理认罪认罚案件，对于检察官围绕量刑建议、程序适用等事项听取犯罪嫌疑人、被告人、辩护人或者值班律师意见、签署具结书活动，应当同步录音录像。听取意见同步录音录像不包括讯问过程，但是讯问与听取意见、签署具结书同时进行的，可以一并录制。多次听取意见的，至少要对量刑建议形成、确认以及最后的具结书签署过程进行同步录音录像。对依法不需要签署具结书的案件，应当对能够反映量刑建议形成的环节同步录音录像。

◆ **第一百七十五条　补充侦查**

人民检察院审查案件，可以要求公安机关提供法庭审判所必需的证据材料；认为可能存在本法第五十六条规定的以非法方法收集证据情形的，可以要求其对证据收集的合法性作出说明。

人民检察院审查案件，对于需要补充侦查的，可以退回公安机关补充侦查，也可以自行侦查。

对于补充侦查的案件，应当在一个月以内补充侦查完毕。补充侦查以二次为限。补充侦查完毕移送人民检察院后，人民检察院重新计算审查起诉期限。

对于二次补充侦查的案件，人民检察院仍然认为证据不足，不符合起诉条件的，应当作出不起诉的决定。

实用问答

1. 人民检察院在哪些情形下需要公安机关补充侦查？

答：根据《人民检察院刑事诉讼规则》第 342 条的规定，人民检察院认为犯罪事实不清、证据不足或者存在遗漏罪行、遗漏同案犯罪嫌疑人等情形需要补充侦查的，应当制作补充侦查提纲，连同案卷材料一并退回公安机关补充侦查。人民检察院也可以自行侦查，必要时可以要求公安机关提供协助。

2. 对于监察机关移送起诉的案件，人民检察院在哪些情形下可以自行补充侦查？

答：根据《人民检察院刑事诉讼规则》第 344 条的规定，对于监察机关移送起诉的案件,具有下列情形之一的,人民检察院可以自行补充侦查:(1)证人证言、犯罪嫌疑人供述和辩解、被害人陈述的内容主要情节一致,个别情节不一致的;(2)物证、书证等证据材料需要补充鉴定的;(3)其他由人民检察院查证更为便利、更有效率、更有利于查清案件事实的情形。自行补充侦查完毕后,应当将相关证据材料入卷,同时抄送监察机关。人民检察院自行补充侦查的,可以商请监察机关提供协助。

◆ **第一百七十六条　提起公诉的条件和程序、提出量刑建议**

人民检察院认为犯罪嫌疑人的犯罪事实已经查清,证据确实、充分,依法应当追究刑事责任的,应当作出起诉决定,按照审判管辖的规定,向人民法院提起公诉,并将案卷材料、证据移送人民法院。

犯罪嫌疑人认罪认罚的,人民检察院应当就主刑、附加刑、是否适用缓刑等提出量刑建议,并随案移送认罪认罚具结书等材料。

实用问答

什么情形下,可以认为犯罪事实已经查清?

答:根据《人民检察院刑事诉讼规则》第355条第2款的规定,具有下列情形之一的,可以认为犯罪事实已经查清:(1)属于单一罪行的案件,查清的事实足以定罪量刑或者与定罪量刑有关的事实已经查清,不影响定罪量刑的事实无法查清的;(2)属于数个罪行的案件,部分罪行已经查清并符合起诉条件,其他罪行无法查清的;(3)无法查清作案工具、赃物去向,但有其他证据足以对被告人定罪量刑的;(4)证人证言、犯罪嫌疑人供述和辩解、被害人陈述的内容主要情节一致，个别情节不一致，但不影响定罪的。

典型案例

陈某昌抢劫、盗窃，付某强盗窃案①

裁判要旨：在人民法院宣告判决前，人民检察院发现被告人有遗漏的罪行可以一并起诉和审理的，可以补充起诉。

张某、沈某某等七人抢劫案②

裁判要旨：办理未成年人与成年人共同犯罪案件，一般应当将未成年人与成年人分案起诉，但对于未成年人系犯罪集团的组织者或者其他共同犯罪中的主犯，或者具有其他不宜分案起诉情形的，可以不分案起诉。

◆ **第一百七十七条　不起诉的条件和程序**

犯罪嫌疑人没有犯罪事实，或者有本法第十六条规定的情形之一的，人民检察院应当作出不起诉决定。

对于犯罪情节轻微，依照刑法规定不需要判处刑罚或者免除刑罚的，人民检察院可以作出不起诉决定。

人民检察院决定不起诉的案件，应当同时对侦查中查封、扣押、冻结的财物解除查封、扣押、冻结。对被不起诉人需要给予

---

① 参见最高人民检察院指导性案例检例第 17 号。
② 参见最高人民检察院指导性案例检例第 19 号。

> 行政处罚、处分或者需要没收其违法所得的，人民检察院应当提出检察意见，移送有关主管机关处理。有关主管机关应当将处理结果及时通知人民检察院。

实用问答

1. 具有哪些情形属于证据不足，不符合起诉条件？

答：根据《人民检察院刑事诉讼规则》第368条的规定，具有下列情形之一，不能确定犯罪嫌疑人构成犯罪和需要追究刑事责任的，属于证据不足，不符合起诉条件：（1）犯罪构成要件事实缺乏必要的证据予以证明的；（2）据以定罪的证据存在疑问，无法查证属实的；（3）据以定罪的证据之间、证据与案件事实之间的矛盾不能合理排除的；（4）根据证据得出的结论具有其他可能性，不能排除合理怀疑的；（5）根据证据认定案件事实不符合逻辑和经验法则，得出的结论明显不符合常理的。

2. 应当对哪些未成年犯罪嫌疑人作出不起诉决定？

答：根据《未成年人刑事检察工作指引（试行）》第174条第1款的规定，人民检察院经审查后，对于符合以下情形之一的未成年犯罪嫌疑人，经检察长或者检察委员会决定，应当对其作出不起诉决定：（1）未达法定刑事责任年龄的；（2）不存在犯罪事实或者犯罪事实非其所为的；（3）情节显著轻微、危害不大，不认为是犯罪的；（4）犯罪已过追诉时效期限的；（5）经特赦令免除刑罚的；（6）依照刑法规定告诉才处理的犯罪，没有告诉或者撤回告诉的；（7）犯罪嫌疑人死亡的；（8）其他法律规定免予追究刑事责任的情形。

◆ **第一百七十八条　不起诉决定书的宣布和送达**

不起诉的决定，应当公开宣布，并且将不起诉决定书送达被不起诉人和他的所在单位。如果被不起诉人在押，应当立即释放。

实用问答

被不起诉人为未成年人时，不起诉决定书应当送达哪些主体？

答：根据《人民检察院办理未成年人刑事案件的规定》第28条的规定，不起诉决定书应当向被不起诉的未成年人及其法定代理人宣布，并阐明不起诉的理由和法律依据。不起诉决定书应当送达公安机关，被不起诉的未成年人及其法定代理人、辩护人，被害人或者其近亲属及其诉讼代理人。送达时，应当告知被害人或者其近亲属及其诉讼代理人，如果对不起诉决定不服，可以自收到不起诉决定书后7日以内向上一级人民检察院申诉，也可以不经申诉，直接向人民法院起诉；告知被不起诉的未成年人及其法定代理人，如果对不起诉决定不服，可以自收到不起诉决定书后7日以内向人民检察院申诉。

◆ **第一百七十九条　公安机关对不起诉决定的异议**

对于公安机关移送起诉的案件，人民检察院决定不起诉的，应当将不起诉决定书送达公安机关。公安机关认为不起诉的决定有错误的时候，可以要求复议，如果意见不被接受，可以向上一级人民检察院提请复核。

📄 **实用问答**

监察机关和公安机关认为不起诉的决定有错误时，应当如何处理？

答：根据《人民检察院刑事诉讼规则》第379条的规定，监察机关认为不起诉的决定有错误，向上一级人民检察院提请复议的，上一级人民检察院应当在收到提请复议意见书后30日以内，经检察长批准，作出复议决定，通知监察机关。公安机关认为不起诉决定有错误要求复议的，人民检察院负责捕诉的部门应当另行指派检察官或者检察官办案组进行审查，并在收到要求复议意见书后30日以内，经检察长批准，作出复议决定，通知公安机关。

◆ **第一百八十条　被害人对不起诉决定的异议**

对于有被害人的案件，决定不起诉的，人民检察院应当将不起诉决定书送达被害人。被害人如果不服，可以自收到决定书后七日以内向上一级人民检察院申诉，请求提起公诉。人民检察院应当将复查决定告知被害人。对人民检察院维持不起诉决定的，被害人可以向人民法院起诉。被害人也可以不经申诉，直接向人民法院起诉。人民法院受理案件后，人民检察院应当将有关案件材料移送人民法院。

📄 **实用问答**

人民检察院收到人民法院受理被害人对被不起诉人起诉的通知后，应当如何处理？

答：根据《人民检察院刑事诉讼规则》第384条的规定，人民检察院收到人民法院受理被害人对被不起诉人起诉的通知后，应当终止复查,将作出不起诉决定所依据的有关案卷材料移送人民法院。

◆ **第一百八十一条　酌定不起诉被不起诉人的申诉**

对于人民检察院依照本法第一百七十七条第二款规定作出的不起诉决定,被不起诉人如果不服,可以自收到决定书后七日以内向人民检察院申诉。人民检察院应当作出复查决定,通知被不起诉的人,同时抄送公安机关。

实用问答

人民检察院作出不起诉决定后,犯罪嫌疑人反悔的,人民检察院应当如何处理?

答:根据《人民检察院刑事诉讼规则》第278条的规定,犯罪嫌疑人认罪认罚,人民检察院依照《刑事诉讼法》第177条第2款作出不起诉决定后,犯罪嫌疑人反悔的,人民检察院应当进行审查,并区分下列情形依法作出处理:(1)发现犯罪嫌疑人没有犯罪事实,或者符合《刑事诉讼法》第16条规定的情形之一的,应当撤销原不起诉决定,依照《刑事诉讼法》第177条第1款的规定重新作出不起诉决定;(2)犯罪嫌疑人犯罪情节轻微,依照刑法不需要判处刑罚或者免除刑罚的,可以维持原不起诉决定;(3)排除认罪认罚因素后,符合起诉条件的,应当根据案件具体情况撤销原不起诉决定,依法提起公诉。

◆ **第一百八十二条　符合特殊条件的撤销案件、不起诉**

犯罪嫌疑人自愿如实供述涉嫌犯罪的事实,有重大立功或者案件涉及国家重大利益的,经最高人民检察院核准,公安机关可以撤销案件,人民检察院可以作出不起诉决定,也可以对涉嫌数罪中的一项或者多项不起诉。

根据前款规定不起诉或者撤销案件的,人民检察院、公安机关应当及时对查封、扣押、冻结的财物及其孳息作出处理。

第三编 审　　判

第一章 审　判　组　织

第一百八十三条　合议庭组成

基层人民法院、中级人民法院审判第一审案件，应当由审判员三人或者由审判员和人民陪审员共三人或者七人组成合议庭进行，但是基层人民法院适用简易程序、速裁程序的案件可以由审判员一人独任审判。

高级人民法院审判第一审案件，应当由审判员三人至七人或者由审判员和人民陪审员共三人或者七人组成合议庭进行。

最高人民法院审判第一审案件，应当由审判员三人至七人组成合议庭进行。

人民法院审判上诉和抗诉案件，由审判员三人或者五人组成合议庭进行。

合议庭的成员人数应当是单数。

实用问答

哪些案件由审判员和人民陪审员组成合议庭进行审理？

答：根据《最高人民法院关于适用〈中华人民共和国刑事诉讼

法〉的解释》第 213 条的规定，基层人民法院、中级人民法院、高级人民法院审判下列第一审刑事案件，由审判员和人民陪审员组成合议庭进行：（1）涉及群体利益、公共利益的；（2）人民群众广泛关注或者其他社会影响较大的；（3）案情复杂或者有其他情形，需要由人民陪审员参加审判的。

基层人民法院、中级人民法院、高级人民法院审判下列第一审刑事案件，由审判员和人民陪审员组成 7 人合议庭进行：（1）可能判处 10 年以上有期徒刑、无期徒刑、死刑，且社会影响重大的；（2）涉及征地拆迁、生态环境保护、食品药品安全，且社会影响重大的；（3）其他社会影响重大的。

◆ **第一百八十四条　合议庭评议原则**

合议庭进行评议的时候，如果意见分歧，应当按多数人的意见作出决定，但是少数人的意见应当写入笔录。评议笔录由合议庭的组成人员签名。

实用问答

哪些案件可以由审判长提请院长或者庭长决定组织相关审判人员共同讨论，合议庭成员应当参加？

答：根据《最高人民法院关于进一步加强合议庭职责的若干规定》第 7 条的规定，除提交审判委员会讨论的案件外，合议庭对评议意见一致或者形成多数意见的案件，依法作出判决或者裁定。下列案件可以由审判长提请院长或者庭长决定组织相关审判人员共同讨论，合议庭成员应当参加：（1）重大、疑难、复杂或者新类型的案件；（2）合议庭在事实认定或法律适用上有重大分歧的案件；（3）合议庭意见与本院或上级法院以往同类型案件的裁判有可能不一致的案件；（4）当事人反映强烈的群体性纠纷案件；（5）经审判长提请且院长或者庭长认为确有必要讨论的其他案件。上述案件的讨论意见供合议庭参考，不影响合议庭依法作出裁判。

◆ 第一百八十五条　审判委员会

合议庭开庭审理并且评议后，应当作出判决。对于疑难、复杂、重大的案件，合议庭认为难以作出决定的，由合议庭提请院长决定提交审判委员会讨论决定。审判委员会的决定，合议庭应当执行。

实用问答

合议庭应当把哪些案件提请院长决定提交审判委员会讨论决定？

答： 根据《最高人民法院关于适用〈中华人民共和国刑事诉讼法〉的解释》第216条的规定，合议庭审理、评议后，应当及时作出判决、裁定。对下列案件，合议庭应当提请院长决定提交审判委员会讨论决定：（1）高级人民法院、中级人民法院拟判处死刑立即执行的案件，以及中级人民法院拟判处死刑缓期执行的案件；（2）该院已经发生法律效力的判决、裁定确有错误需要再审的案件；（3）人民检察院依照审判监督程序提出抗诉的案件。对合议庭成员意见有重大分歧的案件、新类型案件、社会影响重大的案件以及其他疑难、复杂、重大的案件，合议庭认为难以作出决定的，可以提请院长决定提交审判委员会讨论决定。人民陪审员可以要求合议庭将案件提请院长决定是否提交审判委员会讨论决定。对提请院长决定提交审判委员会讨论决定的案件，院长认为不必要的，可以建议合议庭复议一次。独任审判的案件，审判员认为有必要的，也可以提请院长决定提交审判委员会讨论决定。

第二章　第一审程序

第一节　公诉案件

◆ **第一百八十六条　公诉案件的庭前审查**

人民法院对提起公诉的案件进行审查后，对于起诉书中有明确的指控犯罪事实的，<u>应当决定开庭审判</u>。

实用问答

人民法院应当在收到起诉书后，审查哪些内容？

答：根据《最高人民法院关于适用〈中华人民共和国刑事诉讼法〉的解释》第218条的规定，对提起公诉的案件，人民法院应当在收到起诉书（一式8份，每增加一名被告人，增加起诉书5份）和案卷、证据后，审查以下内容：（1）是否属于该院管辖；（2）起诉书是否写明被告人的身份，是否受过或者正在接受刑事处罚、行政处罚、处分，被采取留置措施的情况，被采取强制措施的时间、种类、羁押地点，犯罪的时间、地点、手段、后果以及其他可能影响定罪量刑的情节；有多起犯罪事实的，是否在起诉书中将事实分别列明；（3）是否移送证明指控犯罪事实及影响量刑的证据材料，包括采取技术调查、侦查措施的法律文书和所收集的证据材料；（4）是否查封、扣押、冻结被告人的违法所得或者其他涉案财物，查封、扣押、冻结是否逾期；是否随案移送涉案财物、附涉案财物清单；是否列明涉案财物权属情况；是否就涉案财物处理提供相关证据材料；（5）是否列明被害人的姓名、住址、联系方式；是否附有证人、鉴定人名单；是否申请法庭通知证人、鉴定人、有专门知识的人出庭，并列明有关人员的姓名、性别、年龄、职业、住址、联系方式；是否附有需要保护的证人、鉴定人、被害人名单；（6）当事人已委托辩护人、诉讼代理人或者已接受法律援助的，是否列明辩护人、诉讼代理人的姓名、住址、联系方式；（7）是否提起附带民事诉讼；提起附带民事诉讼的，是否列明附带民事诉讼当事人的姓名、住址、联系方式等，是否附有相关证据材料；（8）监察调查、侦查、审查起诉程序的各种法律手续和诉讼文书是否齐全；（9）被告人认罪认罚的，是否提出量刑建议、移送认罪认罚具结书等材料；（10）有无《刑事诉讼法》第16条第2项至第6项规定的不追究刑事责任的情形。

◆ **第一百八十七条　开庭前准备**

人民法院决定开庭审判后，应当确定合议庭的组成人员，将人民检察院的起诉书副本至迟在开庭十日以前送达被告人及其辩护人。

在开庭以前，审判人员可以召集公诉人、当事人和辩护人、诉讼代理人，对回避、出庭证人名单、非法证据排除等与审判相关的问题，了解情况，听取意见。

人民法院确定开庭日期后，应当将开庭的时间、地点通知人民检察院，传唤当事人，通知辩护人、诉讼代理人、证人、鉴定人和翻译人员，传票和通知书至迟在开庭三日以前送达。公开审判的案件，应当在开庭三日以前先期公布案由、被告人姓名、开庭时间和地点。

上述活动情形应当写入笔录,由审判人员和书记员签名。

> 实用问答

人民法院何时可以决定召开庭前会议?

答:根据《最高人民法院关于适用〈中华人民共和国刑事诉讼法〉的解释》第 226 条的规定,案件具有下列情形之一的,人民法院可以决定召开庭前会议:(1)证据材料较多、案情重大复杂的;(2)控辩双方对事实、证据存在较大争议的;(3)社会影响重大的;(4)需要召开庭前会议的其他情形。

◆ **第一百八十八条　审判公开原则及例外**

人民法院审判第一审案件应当公开进行。但是有关国家秘密或者个人隐私的案件,不公开审理;涉及商业秘密的案件,当事人申请不公开审理的,可以不公开审理。

不公开审理的案件,应当当庭宣布不公开审理的理由。

> 实用问答

公开审理案件时,控辩双方提出涉及国家秘密、商业秘密或者个人隐私的证据的,法庭应当如何处理?

答:根据《人民法院办理刑事案件第一审普通程序法庭调查规程(试行)》第 39 条的规定,公开审理案件时,控辩双方提出涉及国家秘密、商业秘密或者个人隐私的证据的,法庭应当制止。有关证据确与该案有关的,可以根据具体情况,决定将案件转为不公开审理，或者对相关证据的法庭调查不公开进行。

◆ **第一百八十九条　出庭支持公诉**

人民法院审判公诉案件，人民检察院<u>应当派员出席法庭支持公诉</u>。

📋 **实用问答**

公诉人在法庭上应当依法进行哪些活动？

答：根据《人民检察院刑事诉讼规则》第398条的规定，公诉人在法庭上应当依法进行下列活动：（1）宣读起诉书，代表国家指控犯罪，提请人民法院对被告人依法审判；（2）讯问被告人；（3）询问证人、被害人、鉴定人；（4）申请法庭出示物证，宣读书证、未到庭证人的证言笔录、鉴定人的鉴定意见、勘验、检查、辨认、侦查实验等笔录和其他作为证据的文书，播放作为证据的视听资料、电子数据等；（5）对证据采信、法律适用和案件情况发表意见，提出量刑建议及理由，针对被告人、辩护人的辩护意见进行答辩，全面阐述公诉意见；（6）维护诉讼参与人的合法权利；（7）对法庭审理案件有无违反法律规定诉讼程序的情况记明笔录；（8）依法从事其他诉讼活动。

◆ **第一百九十条　开庭**

开庭的时候，审判长查明当事人是否到庭，宣布案由；宣布合议庭的组成人员、书记员、公诉人、辩护人、诉讼代理人、鉴定人和翻译人员的名单；告知当事人有权对合议庭组成人员、书记员、公诉人、鉴定人和翻译人员申请回避；告知被告人享有辩护权利。

被告人认罪认罚的,审判长应当告知被告人享有的诉讼权利和认罪认罚的法律规定,审查认罪认罚的自愿性和认罪认罚具结书内容的真实性、合法性。

◆ **第一百九十一条　法庭调查**

公诉人在法庭上宣读起诉书后,被告人、被害人可以就起诉书指控的犯罪进行陈述,公诉人可以讯问被告人。

被害人、附带民事诉讼的原告人和辩护人、诉讼代理人,经审判长许可,可以向被告人发问。

审判人员可以讯问被告人。

实用问答

有多名被告人的案件,如何对被告人进行讯问?

答:根据《人民法院办理刑事案件第一审普通程序法庭调查规程(试行)》第8条的规定,有多名被告人的案件,对被告人的讯问应当分别进行。被告人供述之间存在实质性差异的,法庭可以传唤有关被告人到庭对质。审判长可以分别讯问被告人,就供述的实质性差异进行调查核实。经审判长准许,控辩双方可以向被告人讯问、发问。审判长认为有必要的,可以准许被告人之间相互发问。根据案件审理需要,审判长可以安排被告人与证人、被害人依照前述规定的方式进行对质。

◆ **第一百九十二条　证人、鉴定人出庭作证义务**

公诉人、当事人或者辩护人、诉讼代理人对证人证言有异议，且该证人证言对案件定罪量刑有重大影响，人民法院认为证人有必要出庭作证的，证人应当出庭作证。

人民警察就其执行职务时目击的犯罪情况作为证人出庭作证，适用前款规定。

公诉人、当事人或者辩护人、诉讼代理人对鉴定意见有异议，人民法院认为鉴定人有必要出庭的，鉴定人应当出庭作证。经人民法院通知，鉴定人拒不出庭作证的，鉴定意见不得作为定案的根据。

实用问答

证人具有哪些情形时，无法出庭作证的，人民法院可以准许其不出庭？

答：根据《最高人民法院关于适用〈中华人民共和国刑事诉讼法〉的解释》第253条的规定，证人具有下列情形之一，无法出庭作证的，人民法院可以准许其不出庭：（1）庭审期间身患严重疾病或者行动极为不便的；（2）居所远离开庭地点且交通极为不便的；（3）身处国外短期无法回国的；（4）有其他客观原因，确实无法出庭的。具有前述规定情形的，可以通过视频等方式作证。

◆ **第一百九十三条　强制作证及拒绝作证的责任承担**

经人民法院通知，证人没有正当理由不出庭作证的，人民法院可以强制其到庭，但是被告人的配偶、父母、子女除外。

证人没有正当理由拒绝出庭或者出庭后拒绝作证的，予以训诫，情节严重的，经院长批准，处以十日以下的拘留。被处罚人对拘留决定不服的，可以向上一级人民法院申请复议。复议期间不停止执行。

实用问答

如何强制证人出庭？

答：根据《最高人民法院关于适用〈中华人民共和国刑事诉讼法〉的解释》第255条的规定，强制证人出庭的，应当由院长签发强制证人出庭令，由法警执行。必要时，可以商请公安机关协助。

第一百九十四条　证人、鉴定人作证程序

证人作证，审判人员应当告知他要如实地提供证言和有意作伪证或者隐匿罪证要负的法律责任。公诉人、当事人和辩护人、诉讼代理人经审判长许可，可以对证人、鉴定人发问。审判长认为发问的内容与案件无关的时候，应当制止。

审判人员可以询问证人、鉴定人。

实用问答

向证人发问应当遵循哪些规则？

答：根据《最高人民法院关于适用〈中华人民共和国刑事诉讼法〉的解释》第261条第1款的规定，向证人发问应当遵循以下规则：（1）发问的内容应当与该案事实有关；（2）不得以诱导方式发问；（3）不得威胁证人；（4）不得损害证人的人格尊严。

◆ **第一百九十五条　出示物证和宣读证据性文书**

公诉人、辩护人应当向法庭出示物证，让当事人辨认，对未到庭的证人的证言笔录、鉴定人的鉴定意见、勘验笔录和其他作为证据的文书，应当当庭宣读。审判人员应当听取公诉人、当事人和辩护人、诉讼代理人的意见。

实用问答

如何对证据进行举证、质证？

答：根据《最高人民法院关于适用〈中华人民共和国刑事诉讼法〉的解释》第 268 条的规定，对可能影响定罪量刑的关键证据和控辩双方存在争议的证据，一般应当单独举证、质证，充分听取质证意见。对控辩双方无异议的非关键证据，举证方可以仅就证据的名称及拟证明的事实作出说明。召开庭前会议的案件，举证、质证可以按照庭前会议确定的方式进行。根据案件和庭审情况，法庭可以对控辩双方的举证、质证方式进行必要的指引。

◆ **第一百九十六条　休庭调查**

法庭审理过程中，合议庭对证据有疑问的，可以宣布休庭，对证据进行调查核实。

人民法院调查核实证据，可以进行勘验、检查、查封、扣押、鉴定和查询、冻结。

实用问答

公诉人和辩护方申请出示开庭前未提交的证据时，人民法院应当如何处理？

答：根据《最高人民法院关于适用〈中华人民共和国刑事诉讼法〉的解释》第272条的规定，公诉人申请出示开庭前未移送或者提交人民法院的证据，辩护方提出异议的，审判长应当要求公诉人说明理由；理由成立并确有出示必要的，应当准许。辩护方提出需要对新的证据作辩护准备的，法庭可以宣布休庭，并确定准备辩护的时间。辩护方申请出示开庭前未提交的证据，参照适用前述规定。

◆ 第一百九十七条　调取新证据

法庭审理过程中，当事人和辩护人、诉讼代理人有权申请通知新的证人到庭，调取新的物证，申请重新鉴定或者勘验。

公诉人、当事人和辩护人、诉讼代理人可以申请法庭通知有专门知识的人出庭，就鉴定人作出的鉴定意见提出意见。

法庭对于上述申请，应当作出是否同意的决定。

第二款规定的有专门知识的人出庭，适用鉴定人的有关规定。

◆ 第一百九十八条　法庭辩论和最后陈述

法庭审理过程中，对与定罪、量刑有关的事实、证据都应当进行调查、辩论。

经审判长许可，公诉人、当事人和辩护人、诉讼代理人可以对证据和案件情况发表意见并且可以互相辩论。

审判长在宣布辩论终结后，被告人有最后陈述的权利。

📝 名词解释

法庭辩论，是指在法庭调查的基础上，对与案件有关的问题进行争论和辩驳的活动，该活动的范围包括事实和证据两个部分。

📄 实用问答

人民法院审查的影响量刑的情节包括哪些？

答：根据《最高人民法院关于适用〈中华人民共和国刑事诉讼法〉的解释》第276条的规定，法庭审理过程中，对与量刑有关的事实、证据，应当进行调查。人民法院除应当审查被告人是否具有法定量刑情节外，还应当根据案件情况审查以下影响量刑的情节：(1) 案件起因；(2) 被害人有无过错及过错程度，是否对矛盾激化负有责任及责任大小；(3) 被告人的近亲属是否协助抓获被告人；(4) 被告人平时表现，有无悔罪态度；(5) 退赃、退赔及赔偿情况；(6) 被告人是否取得被害人或者其近亲属谅解；(7) 影响量刑的其他情节。

◆ **第一百九十九条　违反法庭秩序的处理**

在法庭审判过程中，如果诉讼参与人或者旁听人员违反法庭秩序，审判长应当警告制止。对不听制止的，可以强行带出法庭；情节严重的，处以一千元以下的罚款或者十五日以下的拘留。罚款、拘留必须经院长批准。被处罚人对罚款、拘留的决定不服的，可以向上一级人民法院申请复议。复议期间不停止执行。

对聚众哄闹、冲击法庭或者侮辱、诽谤、威胁、殴打司法工作人员或者诉讼参与人，严重扰乱法庭秩序，构成犯罪的，依法追究刑事责任。

实用问答

1. 庭审期间，全体人员不得实施哪些行为？

答：根据《最高人民法院关于适用〈中华人民共和国刑事诉讼法〉的解释》第306条的规定，庭审期间，全体人员应当服从法庭指挥，遵守法庭纪律，尊重司法礼仪，不得实施下列行为：（1）鼓掌、喧哗、随意走动；（2）吸烟、进食；（3）拨打、接听电话，或者使用即时通讯工具；（4）对庭审活动进行录音、录像、拍照或者使用即时通讯工具等传播庭审活动；（5）其他危害法庭安全或者扰乱法庭秩序的行为。旁听人员不得进入审判活动区，不得随意站立、走动，不得发言和提问。记者经许可实施前述第4项规定的行为，应当在指定的时间及区域进行，不得干扰庭审活动。

2. 实施哪些危害法庭安全或者扰乱法庭秩序的行为，构成犯罪的，依法追究刑事责任？

答：根据《最高人民法院关于适用〈中华人民共和国刑事诉讼法〉的解释》第309条的规定，实施下列行为之一，危害法庭安全或者扰乱法庭秩序，构成犯罪的，依法追究刑事责任：（1）非法携带枪支、弹药、管制刀具或者爆炸性、易燃性、毒害性、放射性以及传染病病原体等危险物质进入法庭；（2）哄闹、冲击法庭；（3）侮辱、诽谤、威胁、殴打司法工作人员或者诉讼参与人；（4）毁坏法庭设施，抢夺、损毁诉讼文书、证据；（5）其他危害法庭安全或者扰乱法庭秩序的行为。

◆ **第二百条　评议、判决**

在被告人最后陈述后，审判长宣布休庭，合议庭进行评议，根据已经查明的事实、证据和有关的法律规定，分别作出以下判决：

（一）案件事实清楚，证据确实、充分，依据法律认定被告人有罪的，应当作出有罪判决；

（二）依据法律认定被告人无罪的，应当作出无罪判决；

（三）证据不足，不能认定被告人有罪的，应当作出证据不足、指控的犯罪不能成立的无罪判决。

实用问答

1. 合议庭应当如何评议案件？

答：根据《最高人民法院关于适用〈中华人民共和国刑事诉讼法〉的解释》第 294 条的规定，合议庭评议案件，应当根据已经查明的事实、证据和有关法律规定，在充分考虑控辩双方意见的基础上，确定被告人是否有罪、构成何罪，有无从重、从轻、减轻或者免除处罚情节，应否处以刑罚、判处何种刑罚，附带民事诉讼如何解决，查封、扣押、冻结的财物及其孳息如何处理等，并依法作出判决、裁定。

2. 对第一审公诉案件，人民法院审理后，应当如何作出判决、裁定？

答：根据《最高人民法院关于适用〈中华人民共和国刑事诉讼法〉的解释》第 295 条第 1 款的规定，对第一审公诉案件，人民法院审理后，应当按照下列情形分别作出判决、裁定：（1）起诉指控的事实清楚，证据确实、充分，依据法律认定指控被告人的罪名成立的，应当作出有罪判决；（2）起诉指控的事实清楚，证据确实、充分，但指控的罪名不当的，应当依据法律和审理认定的事实作出有罪判决；（3）案件事实清楚，证据确实、充分，依据法律认定被告人无罪的，应当判决宣告被告人无罪；（4）证据不足，不能认定被告人有罪的，应当以证据不足、指控的犯罪不能成立，判决宣告被告人无罪；（5）案件部分事实清楚，证据确实、充分的，应当作出有罪或者无罪的判决；对事实不清、证据不足部分，不予认定；（6）被告人因未达到刑事责任年龄，不予刑事处罚的，应当判决宣告被告人不负刑事责任；（7）被告人是精神病人，在不能辨认或者不能控制自己行为时造成危害结果，不予刑事处罚的，应当判决宣告被告人不负刑事责任；被告人符合强制医疗条件的，应当依照该解释第二十六章的规定进行审理并作出判决；（8）犯罪已过追诉时效期限且不是必须追诉，或者经特赦令免除刑罚的，应当裁定终止审理；（9）属于告诉才处理的案件，应当裁定终止审理，并告知被害人有权提起自诉；（10）被告人死亡的，应当裁定终止审理；但有证据证明被告人无罪，经缺席审理确认无罪的，应当判决宣告被告人无罪。

◆ **第二百零一条 认罪认罚案件采纳检察院指控罪名和量刑意见**

对于认罪认罚案件，人民法院依法作出判决时，<u>一般应当采纳人民检察院指控的罪名和量刑建议</u>，但有下列情形的除外：

（一）被告人的行为不构成犯罪或者不应当追究其刑事责任的；

（二）被告人违背意愿认罪认罚的；

（三）被告人否认指控的犯罪事实的；

（四）起诉指控的罪名与审理认定的罪名不一致的；

（五）其他可能影响公正审判的情形。

人民法院经审理认为量刑建议明显不当，或者被告人、辩护人对量刑建议提出异议的，人民检察院可以调整量刑建议。人民检察院不调整量刑建议或者调整量刑建议后仍然明显不当的，人民法院应当依法作出判决。

◆ 第二百零二条　判决的宣告与送达

宣告判决，一律公开进行。

当庭宣告判决的，应当在五日以内将判决书送达当事人和提起公诉的人民检察院；定期宣告判决的，应当在宣告后立即将判决书送达当事人和提起公诉的人民检察院。判决书应当同时送达辩护人、诉讼代理人。

实用问答

判决书应该送达给哪些人？

答：根据《最高人民法院关于适用〈中华人民共和国刑事诉讼法〉的解释》第303条的规定，判决书应当送达人民检察院、当事人、法定代理人、辩护人、诉讼代理人，并可以送达被告人的近亲属。被害人死亡，其近亲属申请领取判决书的，人民法院应当及时提供。判决生效后，还应当送达被告人的所在单位或者户籍地的公安派出所，或者被告单位的注册登记机关。被告人系外国人，且在境内有居住地的，应当送达居住地的公安派出所。

◆ **第二百零三条 判决书**

判决书应当由审判人员和书记员署名，并且写明上诉的期限和上诉的法院。

实用问答

刑事裁判文书中刑期起止日期如何表述？

答：根据《最高人民法院关于刑事裁判文书中刑期起止日期如何表述问题的批复》的规定，根据《刑法》第41条、第44条、第47条和《法院刑事诉讼文书样式》（样本）的规定，判处管制、拘役、有期徒刑的，应当在刑事裁判文书中写明刑种、刑期和主刑刑期的起止日期及折抵办法。刑期从判决执行之日起计算。判决执行以前先行羁押的，羁押1日折抵刑期1日（判处管制刑的，羁押1日折抵刑期2日），即自××××年××月××日（羁押之日）起至××××年××月××日止。羁押期间取保候审的，刑期的终止日顺延。

◆ **第二百零四条 延期审理**

在法庭审判过程中，遇有下列情形之一，影响审判进行的，可以延期审理：

（一）需要通知新的证人到庭，调取新的物证，重新鉴定或者勘验的；

（二）检察人员发现提起公诉的案件需要补充侦查，提出建议的；

（三）由于申请回避而不能进行审判的。

📝 名词解释

延期审理，是指人民法院开庭时，由于出现法定原因，另定日期对案件进行审理的制度。延期审理只能发生在开庭审理阶段，延期审理前已进行的诉讼行为，对延期后的审理仍然有效。

📄 实用问答

在法庭审判过程中，公诉人在哪些情形下可以建议法庭延期审理？

答：根据《人民检察院刑事诉讼规则》第420条的规定，在法庭审判过程中，遇有下列情形之一的，公诉人可以建议法庭延期审理：（1）发现事实不清、证据不足，或者遗漏罪行、遗漏同案犯罪嫌疑人，需要补充侦查或者补充提供证据的；（2）被告人揭发他人犯罪行为或者提供重要线索，需要补充侦查进行查证的；（3）发现遗漏罪行或者遗漏同案犯罪嫌疑人，虽不需要补充侦查和补充提供证据，但需要补充、追加起诉的；（4）申请人民法院通知证人、鉴定人出庭作证或者有专门知识的人出庭提出意见的；（5）需要调取新的证据，重新鉴定或者勘验的；（6）公诉人出示、宣读开庭前移送人民法院的证据以外的证据，或者补充、追加、变更起诉，需要给予被告人、辩护人必要时间进行辩护准备的；（7）被告人、辩护人向法庭出示公诉人不掌握的与定罪量刑有关的证据，需要调查核实的；（8）公诉人对证据收集的合法性进行证明，需要调查核实的。在人民法院开庭审理前发现具有前述情形之一的，人民检察院可以建议人民法院延期审理。

◆ **第二百零五条　法庭审理中的补充侦查**

依照本法第二百零四条第二项的规定延期审理的案件，人民检察院应当在一个月以内补充侦查完毕。

◆ **第二百零六条　中止审理**

在审判过程中，有下列情形之一，致使案件在较长时间内无法继续审理的，可以中止审理：

（一）被告人患有严重疾病，无法出庭的；

（二）被告人脱逃的；

（三）自诉人患有严重疾病，无法出庭，未委托诉讼代理人出庭的；

（四）由于不能抗拒的原因。

中止审理的原因消失后，应当恢复审理。中止审理的期间不计入审理期限。

实用问答

有多名被告人的案件，人民法院如何决定中止审理？

答：根据《最高人民法院关于适用〈中华人民共和国刑事诉讼法〉的解释》第314条的规定，有多名被告人的案件，部分被告人具有《刑事诉讼法》第206条第1款规定情形的，人民法院可以对全案中止审理；根据案件情况，也可以对该部分被告人中止审理，对其他被告人继续审理。对中止审理的部分被告人，可以根据案件情况另案处理。

◆ 第二百零七条　法庭笔录

法庭审判的全部活动，应当由书记员写成笔录，经审判长审阅后，由审判长和书记员签名。

法庭笔录中的证人证言部分，应当当庭宣读或者交给证人阅读。证人在承认没有错误后，应当签名或者盖章。

法庭笔录应当交给当事人阅读或者向他宣读。当事人认为记载有遗漏或者差错的，可以请求补充或者改正。当事人承认没有错误后，应当签名或者盖章。

◆ 第二百零八条　审理期限

人民法院审理公诉案件，应当在受理后二个月以内宣判，至迟不得超过三个月。对于可能判处死刑的案件或者附带民事诉讼的案件，以及有本法第一百五十八条规定情形之一的，经上一级人民法院批准，可以延长三个月；因特殊情况还需要延长的，报请最高人民法院批准。

人民法院改变管辖的案件，从改变后的人民法院收到案件之日起计算审理期限。

人民检察院补充侦查的案件，补充侦查完毕移送人民法院后，人民法院重新计算审理期限。

实用问答

1. 如何延长审理期限？

答：根据《最高人民法院关于适用〈中华人民共和国刑事诉讼法〉的解释》第210条的规定，对可能判处死刑的案件或者附带民事诉讼的案件,以及有《刑事诉讼法》第158条规定情形之一的案件,上一级人民法院可以批准延长审理期限一次,期限为3个月。因特殊情况还需要延长的,应当报请最高人民法院批准。申请批准延长审理期限的,应当在期限届满15日以前层报。有权决定的人民法院不同意的,应当在审理期限届满5日以前作出决定。因特殊情况报请最高人民法院批准延长审理期限,最高人民法院经审查,予以批准的,可以延长审理期限1至3个月。期限届满案件仍然不能审结的,可以再次提出申请。

2. 指定管辖案件的审理期限自什么时候开始计算?

答:根据《最高人民法院关于适用〈中华人民共和国刑事诉讼法〉的解释》第209条的规定,指定管辖案件的审理期限,自被指定管辖的人民法院收到指定管辖决定书和案卷、证据材料之日起计算。

◆ **第二百零九条　人民检察院对审判活动的监督**

人民检察院发现人民法院审理案件<u>违反法律规定</u>的诉讼程序,有权向人民法院<u>提出纠正意见</u>。

实用问答

1. 人民检察院应当对审判活动中哪些违法行为进行监督?

答:根据《人民检察院刑事诉讼规则》第570条的规定,人民检察院应当对审判活动中是否存在以下违法行为进行监督:(1)人民法院对刑事案件的受理违反管辖规定的;(2)人民法院审理案件违反法定审理和送达期限的;(3)法庭组成人员不符合法律规定,或者依照规定应当回避而不回避的;(4)法庭审理案件违反法定程序的；(5) 侵犯当事人、其他诉讼参与人的诉讼权利和其他合法权利的；(6) 法庭审理时对有关程序问题所作的决定违反法律规定的；(7) 违反法律规定裁定发回重审的；(8) 故意毁弃、篡改、隐匿、伪造、偷换证据或者其他诉讼材料，或者依据未经法定程序调查、质证的证据定案的；(9) 依法应当调查收集相关证据而不收集的；(10) 徇私枉法，故意违背事实和法律作枉法裁判的；(11) 收受、索取当事人及其近亲属或者其委托的律师等人财物或者其他利益的；(12) 违反法律规定采取强制措施或者采取强制措施法定期限届满，不予释放、解除或者变更的；(13) 应当退还取保候审保证金不退还的；(14) 对与案件无关的财物采取查封、扣押、冻结措施，或者应当解除查封、扣押、冻结而不解除的；(15) 贪污、挪用、私分、调换、违反规定使用查封、扣押、冻结的财物及其孳息的；(16) 其他违反法律规定的行为。

2. 在审理未成年人刑事案件时，人民检察院应当如何提出纠正意见？

答：根据《人民检察院办理未成年人刑事案件的规定》第68条的规定，对依法不应当公开审理的未成年人刑事案件公开审理的，人民检察院应当在开庭前提出纠正意见。公诉人出庭支持公诉时，发现法庭审判有下列违反法律规定的诉讼程序的情形之一的，应当在休庭后及时向本院检察长报告，由人民检察院向人民法院提出纠正意见：(1) 开庭或者宣告判决时未通知未成年被告人的法定代理人到庭的；(2) 人民法院没有给聋、哑或者不通晓当地通用的语言文字的未成年被告人聘请或者指定翻译人员的；(3) 未成年被告人在审判时没有辩护人的；对未成年被告人及其法定代理人依照法律和有关规定拒绝辩护人为其辩护，合议庭未另行通知法律援助机构指派律师的；(4) 法庭未告知未成年被告人及其法定代理人依法享有的申请回避、辩护、提出新的证据、申请重新鉴定或者勘验、最后陈述、提出上诉等诉讼权利的；(5) 其他违反法律规定的诉讼程序的情形。

第二节 自诉案件

> **◆ 第二百一十条 自诉案件范围**
>
> 自诉案件包括下列案件：
> （一）告诉才处理的案件；
> （二）被害人有证据证明的轻微刑事案件；
> （三）被害人有证据证明对被告人侵犯自己人身、财产权利的行为应当依法追究刑事责任，而公安机关或者人民检察院不予追究被告人刑事责任的案件。

名词解释

自诉，是指由被害人及其法定代理人或法律规定的享有起诉权的人直接向法院起诉要求追究被告人刑事责任的诉讼活动。

实用问答

1. 人民法院受理自诉案件必须符合哪些条件？

答：根据《最高人民法院关于适用〈中华人民共和国刑事诉讼法〉的解释》第316条的规定，人民法院受理自诉案件必须符合下列条件：(1) 符合《刑事诉讼法》第210条、该解释第1条的规定；(2) 属于该院管辖；(3) 被害人告诉；(4) 有明确的被告人、具体的诉讼请求和证明被告人犯罪事实的证据。

2. 自诉状一般应当包括哪些内容？

答：根据《最高人民法院关于适用〈中华人民共和国刑事诉讼法〉的解释》第319条第1款的规定，自诉状一般应当包括以下内容：（1）自诉人（代为告诉人）、被告人的姓名、性别、年龄、民族、出生地、文化程度、职业、工作单位、住址、联系方式；（2）被告人实施犯罪的时间、地点、手段、情节和危害后果等；（3）具体的诉讼请求；（4）致送的人民法院和具状时间；（5）证据的名称、来源等；（6）证人的姓名、住址、联系方式等。

3. 告诉才处理的案件包括哪些案件？

答：告诉才处理的案件，是指《刑法》分则中明确规定为"告诉才处理的犯罪"。告诉才处理的案件有四类，分别为：侮辱、诽谤案（严重危害社会秩序和国家利益的除外）；暴力干涉婚姻自由案（未造成被害人死亡的）；虐待案（未造成被害人重伤、死亡的）；侵占案。告诉才处理的案件，由被害人及其法定代理人或者近亲属向人民法院告诉；没有告诉的，或者撤回告诉的，则人民法院不予追究和处理。

◆ **第二百一十一条　自诉案件的受理、审理程序**

人民法院对于自诉案件进行审查后，按照下列情形分别处理：

（一）犯罪事实清楚，有足够证据的案件，应当开庭审判；

（二）缺乏罪证的自诉案件，如果自诉人提不出补充证据，应当说服自诉人撤回自诉，或者裁定驳回。

自诉人经两次依法传唤，无正当理由拒不到庭的，或者未经法庭许可中途退庭的，按撤诉处理。

> 法庭审理过程中,审判人员对证据有疑问,需要调查核实的,适用本法第一百九十六条的规定。

名词解释

撤诉,是指在人民法院受理案件之后,宣告判决之前,自诉人要求撤回其起诉的行为。撤诉包括申请撤诉和按撤诉处理两种。

申请撤诉,即积极撤诉,是指自诉人在法院立案受理后,进行宣判前,以书面或口头形式向人民法院提出撤回其起诉的要求。

按撤诉处理,是一种推定撤诉,即自诉人虽然没有提出撤诉申请,但其在诉讼中的一定行为已经表明他不愿意继续进行诉讼,因而,法院依法决定注销案件不予审理的行为。

实用问答

哪些情形下,应当说服自诉人撤回起诉;自诉人不撤回起诉的,裁定不予受理?

答:根据《最高人民法院关于适用〈中华人民共和国刑事诉讼法〉的解释》第320条第2款的规定,具有下列情形之一的,应当说服自诉人撤回起诉;自诉人不撤回起诉的,裁定不予受理:(1)不属于该解释第1条规定的案件的;(2)缺乏罪证的;(3)犯罪已过追诉时效期限的;(4)被告人死亡的;(5)被告人下落不明的;(6)除因证据不足而撤诉的以外,自诉人撤诉后,就同一事实又告诉的;(7)经人民法院调解结案后,自诉人反悔,就同一事实再行告诉的;(8)属于该解释第1条第2项规定的案件,公安机关正在立案侦查或者人民检察院正在审查起诉的;(9)不服人民检察院对未成年犯罪嫌疑人作出的附条件不起诉决定或者附条件不起诉考验期满后作出的不起诉决定,向人民法院起诉的。

◆ **第二百一十二条 自诉案件的调解、和解和撤诉**

人民法院对自诉案件,可以进行调解;自诉人在宣告判决前,可以同被告人自行和解或者撤回自诉。本法第二百一十条第三项规定的案件不适用调解。

人民法院审理自诉案件的期限,被告人被羁押的,适用本法第二百零八条第一款、第二款的规定;未被羁押的,应当在受理后六个月以内宣判。

◆ **第二百一十三条 反诉**

自诉案件的被告人在诉讼过程中,可以对自诉人提起反诉。反诉适用自诉的规定。

名词解释

反诉,是指在一个已经开始的自诉(诉讼法上称为本诉)程序中,本诉的被告人以本诉的自诉人为被告,向受诉法院提出的与本诉有牵连的独立的反请求。

实用问答

反诉要符合哪些条件?

答:根据《最高人民法院关于适用〈中华人民共和国刑事诉讼法〉的解释》第334条第1款的规定,告诉才处理和被害人有证据证明的轻微刑事案件的被告人或者其法定代理人在诉讼过程中,可以对自诉人提起反诉。反诉必须符合下列条件:(1)反诉的对象必须是该案自诉人；(2) 反诉的内容必须是与该案有关的行为；(3) 反诉的案件必须符合该解释第1条第1项、第2项的规定。

第三节　简易程序

◆ **第二百一十四条　简易程序的适用范围**

基层人民法院管辖的案件，符合下列条件的，可以适用简易程序审判：

（一）案件事实清楚、证据充分的；

（二）被告人承认自己所犯罪行，对指控的犯罪事实没有异议的；

（三）被告人对适用简易程序没有异议的。

人民检察院在提起公诉的时候，可以建议人民法院适用简易程序。

◆ **第二百一十五条　不适用简易程序的情形**

有下列情形之一的，不适用简易程序：

（一）被告人是盲、聋、哑人，或者是尚未完全丧失辨认或者控制自己行为能力的精神病人的；

（二）有重大社会影响的；

（三）共同犯罪案件中部分被告人不认罪或者对适用简易程序有异议的；

（四）其他不宜适用简易程序审理的。

◆ 第二百一十六条　简易程序审理公诉案件

适用简易程序审理案件，对可能判处三年有期徒刑以下刑罚的，可以组成合议庭进行审判，也可以由审判员一人独任审判；对可能判处的有期徒刑超过三年的，应当组成合议庭进行审判。

适用简易程序审理公诉案件，人民检察院应当派员出席法庭。

◆ 第二百一十七条　简易程序询问被告意见

适用简易程序审理案件，审判人员应当询问被告人对指控的犯罪事实的意见，告知被告人适用简易程序审理的法律规定，确认被告人是否同意适用简易程序审理。

实用问答

适用简易程序审理案件，人民法院应当在开庭前将开庭的时间、地点通知哪些主体？

答：根据《最高人民法院关于适用〈中华人民共和国刑事诉讼法〉的解释》第362条的规定，适用简易程序审理案件，人民法院应当在开庭前将开庭的时间、地点通知人民检察院、自诉人、被告人、辩护人，也可以通知其他诉讼参与人。通知可以采用简便方式，但应当记录在案。

◆ 第二百一十八条　简易程序法庭辩论

适用简易程序审理案件，经审判人员许可，被告人及其辩护人可以同公诉人、自诉人及其诉讼代理人互相辩论。

◆ **第二百一十九条　简易程序的程序简化**

适用简易程序审理案件，不受本章第一节关于送达期限、讯问被告人、询问证人、鉴定人、出示证据、法庭辩论程序规定的限制。但在判决宣告前应当听取被告人的最后陈述意见。

实用问答

适用简易程序审理案件，可以对庭审作哪些简化？

答：根据《最高人民法院关于适用〈中华人民共和国刑事诉讼法〉的解释》第365条第1款的规定，适用简易程序审理案件，可以对庭审作如下简化：（1）公诉人可以摘要宣读起诉书；（2）公诉人、辩护人、审判人员对被告人的讯问、发问可以简化或者省略；（3）对控辩双方无异议的证据，可以仅就证据的名称及所证明的事项作出说明；对控辩双方有异议或者法庭认为有必要调查核实的证据，应当出示，并进行质证；（4）控辩双方对与定罪量刑有关的事实、证据没有异议的，法庭审理可以直接围绕罪名确定和量刑问题进行。

◆ **第二百二十条　简易程序的审限**

适用简易程序审理案件，人民法院应当在受理后二十日以内审结；对可能判处的有期徒刑超过三年的，可以延长至一个半月。

◆ **第二百二十一条　简易程序转普通程序**

人民法院在审理过程中，发现不宜适用简易程序的，应当按照本章第一节或者第二节的规定重新审理。

实用问答

适用简易程序审理案件,在法庭审理过程中,出现哪些情形时,应当转为普通程序审理?

答:根据《最高人民法院关于适用〈中华人民共和国刑事诉讼法〉的解释》第368条的规定,适用简易程序审理案件,在法庭审理过程中,具有下列情形之一的,应当转为普通程序审理:(1)被告人的行为可能不构成犯罪的;(2)被告人可能不负刑事责任的;(3)被告人当庭对起诉指控的犯罪事实予以否认的;(4)案件事实不清、证据不足的;(5)不应当或者不宜适用简易程序的其他情形。决定转为普通程序审理的案件,审理期限应当从作出决定之日起计算。

第四节 速裁程序

> **第二百二十二条 速裁程序的适用范围和条件**
>
> 基层人民法院管辖的可能判处三年有期徒刑以下刑罚的案件,案件事实清楚,证据确实、充分,被告人认罪认罚并同意适用速裁程序的,可以适用速裁程序,由审判员一人独任审判。
>
> 人民检察院在提起公诉的时候,可以建议人民法院适用速裁程序。

实用问答

人民检察院什么时候可以建议人民法院适用速裁程序审理?

答:根据《人民检察院刑事诉讼规则》第439条的规定,公安机关、犯罪嫌疑人及其辩护人建议适用速裁程序，人民检察院经审查认为符合条件的，可以建议人民法院适用速裁程序审理。公安机关、辩护人未建议适用速裁程序，人民检察院经审查认为符合速裁程序适用条件，且犯罪嫌疑人同意适用的，可以建议人民法院适用速裁程序审理。

◆ **第二百二十三条　不适用速裁程序的情形**

有下列情形之一的，<u>不适用速裁程序</u>：

（一）被告人是盲、聋、哑人，或者是尚未完全丧失辨认或者控制自己行为能力的精神病人的；

（二）被告人是未成年人的；

（三）案件有重大社会影响的；

（四）共同犯罪案件中部分被告人对指控的犯罪事实、罪名、量刑建议或者适用速裁程序有异议的；

（五）被告人与被害人或者其法定代理人没有就附带民事诉讼赔偿等事项达成调解或者和解协议的；

（六）其他不宜适用速裁程序审理的。

◆ **第二百二十四条　速裁程序案件的法庭审理规则**

适用速裁程序审理案件，不受本章第一节规定的送达期限的限制，<u>一般不进行法庭调查、法庭辩论</u>，但在判决宣告前<u>应当听取辩护人的意见和被告人的最后陈述意见</u>。

适用速裁程序审理案件，应当当庭宣判。

◆ **第二百二十五条　速裁程序审理期限**

适用速裁程序审理案件，人民法院应当在受理后十日以内审结；对可能判处的有期徒刑超过一年的，可以延长至十五日。

◆ **第二百二十六条　速裁程序转普通程序或简易程序**

人民法院在审理过程中，发现有被告人的行为不构成犯罪或者不应当追究其刑事责任、被告人违背意愿认罪认罚、被告人否认指控的犯罪事实或者其他不宜适用速裁程序审理的情形的，应当按照本章第一节或者第三节的规定重新审理。

实用问答

适用速裁程序审理案件，什么时候应当转为普通程序或者简易程序审理？

答：根据《最高人民法院关于适用〈中华人民共和国刑事诉讼法〉的解释》第375条的规定，适用速裁程序审理案件，在法庭审理过程中，具有下列情形之一的，应当转为普通程序或者简易程序审理：（1）被告人的行为可能不构成犯罪或者不应当追究刑事责任的；（2）被告人违背意愿认罪认罚的；（3）被告人否认指控的犯罪事实的；（4）案件疑难、复杂或者对适用法律有重大争议的；（5）其他不宜适用速裁程序的情形。

第三章　第二审程序

◆ 第二百二十七条　上诉的提起

被告人、自诉人和他们的法定代理人，不服地方各级人民法院第一审的判决、裁定，有权用书状或者口头向上一级人民法院上诉。被告人的辩护人和近亲属，经被告人同意，可以提出上诉。

附带民事诉讼的当事人和他们的法定代理人，可以对地方各级人民法院第一审的判决、裁定中的附带民事诉讼部分，提出上诉。

对被告人的上诉权，不得以任何借口加以剥夺。

实用问答

上诉状一般包括哪些内容？

答：根据《最高人民法院关于适用〈中华人民共和国刑事诉讼法〉的解释》第379条第2款的规定，上诉状内容一般包括：第一审判决书、裁定书的文号和上诉人收到的时间，第一审人民法院的名称，上诉的请求和理由，提出上诉的时间。被告人的辩护人、近亲属经被告人同意提出上诉的，还应当写明其与被告人的关系，并应当以被告人作为上诉人。

第二百二十八条 抗诉的提起

地方各级人民检察院认为本级人民法院第一审的判决、裁定确有错误的时候,应当向上一级人民法院提出抗诉。

实用问答

人民检察院在什么情形下应当提出抗诉?

答: 根据《人民检察院刑事诉讼规则》第584条的规定,人民检察院认为同级人民法院第一审判决、裁定具有下列情形之一的,应当提出抗诉:(1)认定的事实确有错误或者据以定罪量刑的证据不确实、不充分的;(2)有确实、充分证据证明有罪判无罪,或者无罪判有罪的;(3)重罪轻判,轻罪重判,适用刑罚明显不当的;(4)认定罪名不正确、一罪判数罪、数罪判一罪,影响量刑或者造成严重社会影响的;(5)免除刑事处罚或者适用缓刑、禁止令、限制减刑等错误的;(6)人民法院在审理过程中严重违反法律规定的诉讼程序的。

典型案例

琚某忠盗窃案[①]

裁判要旨: 对于犯罪事实清楚,证据确实、充分,被告人自愿认罪认罚,一审法院采纳从宽量刑建议判决的案件,因被告人无正当理由上诉而不再具有认罪认罚

---

① 参见最高人民检察院指导性案例检例第83号。

从宽的条件，检察机关可以依法提出抗诉，建议法院取消因认罪认罚给予被告人的从宽量刑。

◆ 第二百二十九条　公诉案件被害人请求抗诉

被害人及其法定代理人不服地方各级人民法院第一审的判决的，自收到判决书后五日以内，有权请求人民检察院提出抗诉。人民检察院自收到被害人及其法定代理人的请求后五日以内，应当作出是否抗诉的决定并且答复请求人。

◆ 第二百三十条　上诉、抗诉的期限

不服判决的上诉和抗诉的期限为十日，不服裁定的上诉和抗诉的期限为五日，从接到判决书、裁定书的第二日起算。

实用问答

对附带民事判决、裁定的上诉、抗诉期限应当如何确定？

答：根据《最高人民法院关于适用〈中华人民共和国刑事诉讼法〉的解释》第380条第2款的规定，对附带民事判决、裁定的上诉、抗诉期限，应当按照刑事部分的上诉、抗诉期限确定。附带民事部分另行审判的，上诉期限也应当按照刑事诉讼法规定的期限确定。

◆ 第二百三十一条　上诉的程序

被告人、自诉人、附带民事诉讼的原告人和被告人通过原审人民法院提出上诉的，原审人民法院应当在三日以内将上诉状连

同案卷、证据移送上一级人民法院，同时将上诉状副本送交同级人民检察院和对方当事人。

被告人、自诉人、附带民事诉讼的原告人和被告人直接向第二审人民法院提出上诉的，第二审人民法院应当在三日以内将上诉状交原审人民法院送交同级人民检察院和对方当事人。

实用问答

1. 上诉人撤回上诉，人民法院应当如何处理？

答：根据《最高人民法院关于适用〈中华人民共和国刑事诉讼法〉的解释》第383条的规定，上诉人在上诉期限内要求撤回上诉的，人民法院应当准许。上诉人在上诉期满后要求撤回上诉的，第二审人民法院经审查，认为原判认定事实和适用法律正确，量刑适当的，应当裁定准许；认为原判确有错误的，应当不予准许，继续按照上诉案件审理。被判处死刑立即执行的被告人提出上诉，在第二审开庭后宣告裁判前申请撤回上诉的，应当不予准许，继续按照上诉案件审理。

2. 撤回上诉、抗诉的，第一审判决、裁定何时生效？

答：根据《最高人民法院关于适用〈中华人民共和国刑事诉讼法〉的解释》第386条的规定，在上诉、抗诉期满前撤回上诉、抗诉的，第一审判决、裁定在上诉、抗诉期满之日起生效。在上诉、抗诉期满后要求撤回上诉、抗诉，第二审人民法院裁定准许的，第一审判决、裁定应当自第二审裁定书送达上诉人或者抗诉机关之日起生效。

◆ **第二百三十二条　抗诉的程序**

地方各级人民检察院对同级人民法院第一审判决、裁定的抗诉，应当通过原审人民法院提出抗诉书，并且将抗诉书抄送上一级人民检察院。原审人民法院应当将抗诉书连同案卷、证据移送上一级人民法院，并且将抗诉书副本送交当事人。

上级人民检察院如果认为抗诉不当，可以向同级人民法院撤回抗诉，并且通知下级人民检察院。

实用问答

人民检察院撤回抗诉，人民法院应当如何处理？

答：根据《最高人民法院关于适用〈中华人民共和国刑事诉讼法〉的解释》第385条的规定，人民检察院在抗诉期限内要求撤回抗诉的，人民法院应当准许。人民检察院在抗诉期满后要求撤回抗诉的，第二审人民法院可以裁定准许，但是认为原判存在将无罪判为有罪、轻罪重判等情形的，应当不予准许，继续审理。上级人民检察院认为下级人民检察院抗诉不当，向第二审人民法院要求撤回抗诉的，适用前述规定。

典型案例

程某岗故意伤害案[①]

裁判要旨：本着切实保障原告人权利的原则，可以允许原告人

---

① 参见《刑事审判参考》总第65集第513号案例。

与部分有赔偿能力的被告人达成赔偿协议。附带民事诉讼原告人与部分被告人达成调解协议的，宜以原告人对部分被告人撤诉的方式进行处理。原告人与部分被告人达成调解后，双方应签订调解协议，写明被告人向原告人赔偿的数额、方式以及原告人申请向法院撤回对该被告人的附带民事诉讼等内容。对于附带民事诉讼原告人的撤诉申请，法院应当对撤诉是否自愿、合法进行审查。对于准许撤诉的裁定，可以口头或者书面形式作出，口头裁定的，应当记录在案。考虑到部分被告人在判决前作出的赔偿通常不是足额赔偿，原告人仍希望通过法院的判决从其他被告人处获得进一步赔偿，法院对调解不成的其他被告人应当按照其应承担的赔偿份额依法作出判决。

◆ **第二百三十三条　第二审的全面审查**

第二审人民法院应当就第一审判决认定的事实和适用法律进行全面审查，不受上诉或者抗诉范围的限制。

共同犯罪的案件只有部分被告人上诉的，应当对全案进行审查，一并处理。

实用问答

对上诉、抗诉案件，应当着重审查哪些内容？

答：根据《最高人民法院关于适用〈中华人民共和国刑事诉讼法〉的解释》第391条的规定，对上诉、抗诉案件，应当着重审查下列内容：（1）第一审判决认定的事实是否清楚，证据是否确实、充分；（2）第一审判决适用法律是否正确，量刑是否适当；（3）在调查、侦查、审查起诉、第一审程序中，有无违反法定程序的情形；（4）上诉、抗诉是否提出新的事实、证据；（5）被告人的供述和辩解情况；（6）辩护人的辩护意见及采纳情况；（7）附带民事部分的判决、裁定是否合法、适当；（8）对涉案财物的处理是否正确；（9）第一审人民法院合议庭、审判委员会讨论的意见。

> ◆ **第二百三十四条　第二审审理的方式和开庭地点**
>
> 　　第二审人民法院对于下列案件，<u>应当组成合议庭，开庭审理</u>：
> 　　（一）被告人、自诉人及其法定代理人对第一审认定的事实、证据提出异议，可能影响定罪量刑的上诉案件；
> 　　（二）被告人被判处死刑的上诉案件；
> 　　（三）人民检察院抗诉的案件；
> 　　（四）其他应当开庭审理的案件。
> 　　第二审人民法院决定不开庭审理的，应当讯问被告人，听取其他当事人、辩护人、诉讼代理人的意见。
> 　　第二审人民法院开庭审理上诉、抗诉案件，可以到案件发生地或者原审人民法院所在地进行。

实用问答

开庭审理上诉、抗诉案件，应当如何审理？

答：根据《最高人民法院关于适用〈中华人民共和国刑事诉讼法〉的解释》第399条的规定，开庭审理上诉、抗诉案件，可以重点围绕对第一审判决、裁定有争议的问题或者有疑问的部分进行。根据案件情况，可以按照下列方式审理：（1）宣读第一审判决书，可以只宣读案由、主要事实、证据名称和判决主文等；（2）法庭调查应当重点围绕对第一审判决提出异议的事实、证据以及新的证据等进行；对没有异议的事实、证据和情节，可以直接确认；（3）对同案审理案件中未上诉的被告人，未被申请出庭或者人民法院认为没有必要到庭的，可以不再传唤到庭；(4)被告人犯有数罪的案件，对其中事实清楚且无异议的犯罪，可以不在庭审时审理。同案审理的案件，未提出上诉、人民检察院也未对其判决提出抗诉的被告人要求出庭的，应当准许。出庭的被告人可以参加法庭调查和辩论。

◆ 第二百三十五条　第二审公诉人阅卷和出庭

人民检察院提出抗诉的案件或者第二审人民法院开庭审理的公诉案件，同级人民检察院都应当派员出席法庭。第二审人民法院应当在决定开庭审理后及时通知人民检察院查阅案卷。人民检察院应当在一个月以内查阅完毕。人民检察院查阅案卷的时间不计入审理期限。

实用问答

检察人员应当如何审查原审案卷材料？

答：根据《人民检察院刑事诉讼规则》第448条的规定，检察人员应当客观全面地审查原审案卷材料，不受上诉或者抗诉范围的限制。应当审查原审判决认定案件事实、适用法律是否正确，证据是否确实、充分，量刑是否适当，审判活动是否合法，并应当审查下级人民检察院的抗诉书或者上诉人的上诉状，了解抗诉或者上诉的理由是否正确、充分，重点审查有争议的案件事实、证据和法律适用问题，有针对性地做好庭审准备工作。

◆ 第二百三十六条　第二审后的处理

第二审人民法院对不服第一审判决的上诉、抗诉案件，经过

审理后,应当按照下列情形分别处理:

(一)原判决认定事实和适用法律正确、量刑适当的,应当裁定驳回上诉或者抗诉,维持原判;

(二)原判决认定事实没有错误,但适用法律有错误,或者量刑不当的,应当改判;

(三)原判决事实不清楚或者证据不足的,可以在查清事实后改判;也可以裁定撤销原判,发回原审人民法院重新审判。

原审人民法院对于依照前款第三项规定发回重新审判的案件作出判决后,被告人提出上诉或者人民检察院提出抗诉的,第二审人民法院应当依法作出判决或者裁定,<u>不得再发回原审人民法院重新审判</u>。

实用问答

第二审人民法院审理对附带民事部分提出上诉时,应如何处理?

答:根据《最高人民法院关于适用〈中华人民共和国刑事诉讼法〉的解释》第409条的规定,第二审人民法院审理对附带民事部分提出上诉,刑事部分已经发生法律效力的案件,应当对全案进行审查,并按照下列情形分别处理:(1)第一审判决的刑事部分并无不当的,只需就附带民事部分作出处理;(2)第一审判决的刑事部分确有错误的,依照审判监督程序对刑事部分进行再审,并将附带民事部分与刑事部分一并审理。

◆ **第二百三十七条 上诉不加刑及其限制**

第二审人民法院审理被告人或者他的法定代理人、辩护人、近亲属上诉的案件,<u>不得加重被告人的刑罚</u>。第二审人民法院发

> 回原审人民法院重新审判的案件，除有新的犯罪事实，人民检察院补充起诉的以外，原审人民法院也不得加重被告人的刑罚。
>
> 人民检察院提出抗诉或者自诉人提出上诉的，不受前款规定的限制。

名词解释

上诉不加刑，是指第二审人民法院审理被告人一方上诉的案件，不得以任何理由加重被告人刑罚的一项审判原则。

实用问答

人民法院审理被告人一方提出的上诉案件时，并应当执行哪些规定？

答：根据《最高人民法院关于适用〈中华人民共和国刑事诉讼法〉的解释》第401条第1款的规定，审理被告人或者其法定代理人、辩护人、近亲属提出上诉的案件，不得对被告人的刑罚作出实质不利的改判，并应当执行下列规定：（1）同案审理的案件，只有部分被告人上诉的，既不得加重上诉人的刑罚，也不得加重其他同案被告人的刑罚；（2）原判认定的罪名不当的，可以改变罪名，但不得加重刑罚或者对刑罚执行产生不利影响；（3）原判认定的罪数不当的，可以改变罪数，并调整刑罚，但不得加重决定执行的刑罚或者对刑罚执行产生不利影响；（4）原判对被告人宣告缓刑的，不得撤销缓刑或者延长缓刑考验期；（5）原判没有宣告职业禁止、禁止令的，不得增加宣告；原判宣告职业禁止、禁止令的，不得增加内容、延长期限；（6）原判对被告人判处死刑缓期执行没有限制减刑、决定终身监禁的，不得限制减刑、决定终身监禁；（7）原判判处的刑罚不当、应当适用附加刑而没有适用的，不得直接加重刑罚、适用附加刑。原判判处的刑罚畸轻，必须依法改判的，应当在第二审判决、裁定生效后，依照审判监督程序重新审判。

典型案例

钟某桂、伍某云等故意伤害案[①]

裁判要旨：（1）《刑事诉讼法》对"发回重审不加刑"原则规定了例外情形，即"有新的犯罪事实，人民检察院补充起诉"。新的犯罪事实应当是指原起诉书中没有指控的犯罪事实，既包括定罪事实，也包括量刑情节的事实；同时还必须是人民检察院补充起诉的新的事实。（2）对于"原判决事实不清楚"的案件，第二审法院有两种结案方式：第一种方式是查清事实后改判。此时无论是原判决认定的犯罪事实不清，还是认定的量刑情节事实有误，二审法院均不得加重被告人的刑罚。第二种方式是发回原审人民法院重新审判。二审法院基于原判决认定被告人的量刑情节事实有误而将案件发回重审，如果允许纠正后改判，原审法院重新审理时就可能加重被告人的刑罚。如果二审法院选择不同的结案方式会产生两种明显不同的结果，就在实质上有悖于上诉不加刑原则，故重新审理时不能仅因变更认定被告人的量刑情节而加重被告人的刑罚。（3）从实体公正方面考虑，因被告人不具有自首、立功等法定减轻处罚情节，重审后可能出现的量刑偏轻的情况，对此是否需要启动审判监督程序予以纠正，可由相关法院自行决定。

[①] 参见《刑事审判参考》总第100集第1025号案例。

◆ **第二百三十八条　第一审程序违法导致的重审**

第二审人民法院发现第一审人民法院的审理有下列违反法律规定的诉讼程序的情形之一的，应当裁定撤销原判，发回原审人民法院重新审判：

（一）违反本法有关公开审判的规定的；

（二）违反回避制度的；

（三）剥夺或者限制了当事人的法定诉讼权利，可能影响公正审判的；

（四）审判组织的组成不合法的；

（五）其他违反法律规定的诉讼程序，可能影响公正审判的。

◆ **第二百三十九条　重审程序**

原审人民法院对于发回重新审判的案件，应当另行组成合议庭，依照第一审程序进行审判。对于重新审判后的判决，依照本法第二百二十七条、第二百二十八条、第二百二十九条的规定可以上诉、抗诉。

◆ **第二百四十条　对裁定的第二审**

第二审人民法院对不服第一审裁定的上诉或者抗诉，经过审查后，应当参照本法第二百三十六条、第二百三十八条和第二百三十九条的规定，分别情形用裁定驳回上诉、抗诉，或者撤销、变更原裁定。

◆ **第二百四十一条　重审的期限计算**

第二审人民法院发回原审人民法院重新审判的案件，原审人民法院从收到发回的案件之日起，重新计算审理期限。

◆ **第二百四十二条　第二审的其他程序规定**

第二审人民法院审判上诉或者抗诉案件的程序，除本章已有规定的以外，参照第一审程序的规定进行。

◆ **第二百四十三条　第二审期限**

第二审人民法院受理上诉、抗诉案件，应当在二个月以内审结。对于可能判处死刑的案件或者附带民事诉讼的案件，以及有本法第一百五十八条规定情形之一的，经省、自治区、直辖市高级人民法院批准或者决定，可以延长二个月；因特殊情况还需要延长的，报请最高人民法院批准。

最高人民法院受理上诉、抗诉案件的审理期限，<u>由最高人民法院决定</u>。

◆ **第二百四十四条　终审判决、裁定**

第二审的判决、裁定和最高人民法院的判决、裁定，都是终审的判决、裁定。

◆ **第二百四十五条　查封、扣押、冻结财物及其孳息的保管与处理**

公安机关、人民检察院和人民法院对查封、扣押、冻结的犯罪嫌疑人、被告人的财物及其孳息，应当<u>妥善保管</u>，以供核查，并制作<u>清单</u>，随案移送。任何单位和个人不得挪用或者自行处理。对被害人的合法财产，应当及时返还。对违禁品或者不宜长期保存的物品，应当依照国家有关规定处理。

对作为证据使用的实物应当随案移送，对<u>不宜移送的</u>，应当将其清单、照片或者其他证明文件随案移送。

人民法院作出的判决，应当对查封、扣押、冻结的财物及其孳息作出处理。

人民法院作出的判决生效以后，有关机关应当根据判决对查封、扣押、冻结的财物及其孳息进行处理。对查封、扣押、冻结的赃款赃物及其孳息，除依法返还被害人的以外，一律上缴国库。

司法工作人员贪污、挪用或者私自处理查封、扣押、冻结的财物及其孳息的，依法追究刑事责任；不构成犯罪的，给予处分。

实用问答

对实物未随案移送的，应当审查哪些内容？

答： 根据《最高人民法院关于适用〈中华人民共和国刑事诉讼法〉的解释》第441条的规定，对实物未随案移送的，应当根据情况，分别审查以下内容：（1）大宗的、不便搬运的物品，是否随案移送查封、扣押清单，并附原物照片和封存手续，注明存放地点等；（2）易腐烂、霉变和不易保管的物品，查封、扣押机关变卖处理后，是否随案移送原物照片、清单、变价处理的凭证（复印件）等；（3）枪支弹药、剧毒物品、易燃易爆物品以及其他违禁品、危险物品，查封、扣押机关根据有关规定处理后，是否随案移送原物照片和清单等。前述未随案移送的实物，应当依法鉴定、估价的，还应当审查是否附有鉴定、估价意见。对查封、扣押的货币、有价证券等，未移送实物的，应当审查是否附有原物照片、清单或者其他证明文件。

第四章　死刑复核程序

◆ **第二百四十六条　死刑核准权**

死刑由最高人民法院核准。

名词解释

死刑，是指剥夺犯罪人生命的刑罚，是刑法所规定的刑种中最为严厉的，也称极刑。

◆ **第二百四十七条　死刑核准程序**

中级人民法院判处死刑的第一审案件，被告人不上诉的，应当由高级人民法院复核后，报请最高人民法院核准。高级人民法院不同意判处死刑的，可以提审或者发回重新审判。

高级人民法院判处死刑的第一审案件被告人不上诉的，和判处死刑的第二审案件，都应当报请最高人民法院核准。

实用问答

1. 报请最高人民法院核准死刑的案件，应当如何处理？

答：根据《最高人民法院关于适用〈中华人民共和国刑事诉讼法〉的解释》第 423 条的规定，报请最高人民法院核准死刑的案件，应当按照下列情形分别处理：（1）中级人民法院判处死刑的第一审案件，被告人未上诉、人民检察院未抗诉的，在上诉、抗诉期满后10日以内报请高级人民法院复核。高级人民法院同意判处死刑的，应当在作出裁定后10日以内报请最高人民法院核准；认为原判认定的某一具体事实或者引用的法律条款等存在瑕疵，但判处被告人死刑并无不当的，可以在纠正后作出核准的判决、裁定；不同意判处死刑的，应当依照第二审程序提审或者发回重新审判；（2）中级人民法院判处死刑的第一审案件，被告人上诉或者人民检察院抗诉，高级人民法院裁定维持的，应当在作出裁定后十日以内报请最高人民法院核准；（3）高级人民法院判处死刑的第一审案件，被告人未上诉、人民检察院未抗诉的，应当在上诉、抗诉期满后十日以内报请最高人民法院核准。高级人民法院复核死刑案件，应当讯问被告人。

2. 复核死刑、死刑缓期执行案件，应当全面审查哪些内容？

答：根据《最高人民法院关于适用〈中华人民共和国刑事诉讼法〉的解释》第427条的规定，复核死刑、死刑缓期执行案件，应当全面审查以下内容：（1）被告人的年龄，被告人有无刑事责任能力、是否系怀孕的妇女；（2）原判认定的事实是否清楚，证据是否确实、充分；（3）犯罪情节、后果及危害程度；（4）原判适用法律是否正确，是否必须判处死刑，是否必须立即执行；（5）有无法定、酌定从重、从轻或者减轻处罚情节；（6）诉讼程序是否合法；（7）应当审查的其他情况。复核死刑、死刑缓期执行案件，应当重视审查被告人及其辩护人的辩解、辩护意见。

◆ **第二百四十八条　死缓核准权**

中级人民法院判处<u>死刑缓期二年执行</u>的案件，由<u>高级人民法院核准</u>。

◆ **第二百四十九条　死刑复核的合议庭**

最高人民法院复核死刑案件，高级人民法院复核死刑缓期执行的案件，应当由审判员三人组成合议庭进行。

◆ **第二百五十条　死刑复核处理结果**

最高人民法院复核死刑案件，应当作出核准或者不核准死刑的裁定。对于不核准死刑的，最高人民法院可以发回重新审判或者予以改判。

实用问答

最高人民法院复核死刑案件，应当如何按照不同情形处理？

答：根据《最高人民法院关于适用〈中华人民共和国刑事诉讼法〉的解释》第429条的规定，最高人民法院复核死刑案件，应当按照下列情形分别处理：（1）原判认定事实和适用法律正确、量刑适当、诉讼程序合法的，应当裁定核准；（2）原判认定的某一具体事实或者引用的法律条款等存在瑕疵，但判处被告人死刑并无不当的，可以在纠正后作出核准的判决、裁定；（3）原判事实不清、证据不足的，应当裁定不予核准，并撤销原判，发回重新审判；（4）复核期间出现新的影响定罪量刑的事实、证据的，应当裁定不予核准，并撤销原判，发回重新审判；（5）原判认定事实正确、证据充分，但依法不应当判处死刑的，应当裁定不予核准，并撤销原判，发回重新审判；根据案件情况，必要时，也可以依法改判；（6）原审违反法定诉讼程序，可能影响公正审判的，应当裁定不予核准，并撤销原判，发回重新审判。

◆ **第二百五十一条　死刑复核程序**

最高人民法院复核死刑案件，应当讯问被告人，辩护律师提出要求的，应当听取辩护律师的意见。

在复核死刑案件过程中，最高人民检察院可以向最高人民法院提出意见。最高人民法院应当将死刑复核结果通报最高人民检察院。

实用问答

1. 审查死刑复核监督案件可以采取哪些方式？

答：根据《人民检察院刑事诉讼规则》第609条的规定，对死刑复核监督案件的审查可以采取下列方式：（1）审查人民法院移送的材料、下级人民检察院报送的相关案卷材料、当事人及其近亲属或者受委托的律师提交的材料；（2）向下级人民检察院调取案件审查报告、公诉意见书、出庭意见书等，了解案件相关情况；（3）向人民法院调阅或者查阅案卷材料；（4）核实或者委托核实主要证据；（5）讯问被告人、听取受委托的律师的意见；（6）就有关技术性问题向专门机构或者有专门知识的人咨询，或者委托进行证据审查；（7）需要采取的其他方式。

2. 最高人民检察院在什么情况下依法向最高人民法院提出检察意见？

答：根据《人民检察院刑事诉讼规则》第611条的规定，最高人民检察院经审查发现死刑复核案件具有下列情形之一的，应当经检察长决定，依法向最高人民法院提出检察意见：（1）认为适用死刑不当，或者案件事实不清、证据不足，依法不应当核准死刑的；（2）认为不予核准死刑的理由不成立，依法应当核准死刑的；（3）发现新的事实和证据，可能影响被告人定罪量刑的；（4）严重违反法律规定的诉讼程序，可能影响公正审判的；（5）司法工作人员在办理案件时，有贪污受贿，徇私舞弊，枉法裁判等行为的；（6）其他需要提出检察意见的情形。同意最高人民法院核准或者不核准意见的，应当经检察长批准，书面回复最高人民法院。对于省级人民检察院提请监督、报告重大情况的案件，最高人民检察院认为具有影响死刑适用情形的，应当及时将有关材料转送最高人民法院。

第五章　审判监督程序

◆ **第二百五十二条　申诉人的范围及申诉的效力**

当事人及其法定代理人、近亲属，对已经发生法律效力的判决、裁定，可以向人民法院或者人民检察院提出申诉，但是不能停止判决、裁定的执行。

名词解释

审判监督程序，是指人民法院、人民检察院对已经发生法律效力的判决和裁定，发现其在认定事实或者适用法律上确有错误，依法提起对案件进行重新审理的程序。

实用问答

向人民法院申诉应当提交哪些材料？

答：根据《最高人民法院关于适用〈中华人民共和国刑事诉讼法〉的解释》第452条第1款的规定，向人民法院申诉，应当提交以下材料：（1）申诉状。应当写明当事人的基本情况、联系方式以及申诉的事实与理由。（2）原一、二审判决书、裁定书等法律文书。经过人民法院复查或者再审的，应当附有驳回申诉通知书、再审决定书、再审判决书、裁定书。（3）其他相关材料。以有新的证据证明原判决、裁定认定的事实确有错误为由申诉的，应当同时附有相关证据材料；申请人民法院调查取证的，应当附有相关线索或者材料。

◆ **第二百五十三条　因申诉而重新审判的事由**

当事人及其法定代理人、近亲属的申诉符合下列情形之一的，人民法院应当重新审判：

（一）有新的证据证明原判决、裁定认定的事实确有错误，可能影响定罪量刑的；

（二）据以定罪量刑的证据不确实、不充分、依法应当予以排除，或者证明案件事实的主要证据之间存在矛盾的；

（三）原判决、裁定适用法律确有错误的；

（四）违反法律规定的诉讼程序，可能影响公正审判的；

（五）审判人员在审理该案件的时候，有贪污受贿，徇私舞弊，枉法裁判行为的。

实用问答

1. 立案审查的申诉案件的审查期限是多久？

答：根据《最高人民法院关于适用〈中华人民共和国刑事诉讼法〉的解释》第457条第1款的规定，对立案审查的申诉案件，应当在3个月以内作出决定，至迟不得超过6个月。因案件疑难、复杂、重大或者其他特殊原因需要延长审查期限的，参照该解释第210条的规定处理。

2.《刑事诉讼法》第253条第1项规定的"新的证据"都有哪些？

答：根据《最高人民法院关于适用〈中华人民共和国刑事诉讼法〉的解释》第458条的规定，具有下列情形之一，可能改变原判决、裁定据以定罪量刑的事实的证据，应当认定为《刑事诉讼法》第253条第1项规定的"新的证据"：（1）原判决、裁定生效后新发现的证据；（2）原判决、裁定生效前已经发现，但未予收集的证据；（3）原判决、裁定生效前已经收集，但未经质证的证据；（4）原判决、裁定所依据的鉴定意见，勘验、检查等笔录被改变或者否定的；（5）原判决、裁定所依据的被告人供述、证人证言等证据发生变化，影响定罪量刑，且有合理理由的。

> ◆ **第二百五十四条　提起再审的主体、理由**
>
> 　　各级人民法院院长对本院已经发生法律效力的判决和裁定，如果发现在认定事实上或者在适用法律上确有错误，必须提交审判委员会处理。
>
> 　　最高人民法院对各级人民法院已经发生法律效力的判决和裁定，上级人民法院对下级人民法院已经发生法律效力的判决和裁定，如果发现确有错误，有权提审或者指令下级人民法院再审。
>
> 　　最高人民检察院对各级人民法院已经发生法律效力的判决和裁定，上级人民检察院对下级人民法院已经发生法律效力的判决和裁定，如果发现确有错误，有权按照审判监督程序向同级人民法院提出抗诉。
>
> 　　人民检察院抗诉的案件，接受抗诉的人民法院应当组成合议庭重新审理，对于原判决事实不清楚或者证据不足的，可以指令下级人民法院再审。

实用问答

1. 人民检察院在哪些情形下应当按照审判监督程序向人民法院提出抗诉？

答：根据《人民检察院刑事诉讼规则》第591条第1款的规定，人民检察院认为人民法院已经发生法律效力的判决、裁定确有错误，具有下列情形之一的，应当按照审判监督程序向人民法院提出抗诉：(1) 有新的证据证明原判决、裁定认定的事实确有错误，可能影响定罪量刑的；(2) 据以定罪量刑的证据不确实、不充分的；(3) 据以定罪量刑的证据依法应当予以排除的；(4) 据以定罪量刑的主要证据之间存在矛盾的；(5) 原判决、裁定的主要事实依据被依法变更或者撤销的；(6) 认定罪名错误且明显影响量刑的；(7) 违反法律关于追诉时效期限的规定的；(8) 量刑明显不当的；(9) 违反法律规定的诉讼程序，可能影响公正审判的；(10) 审判人员在审理案件的时候有贪污受贿，徇私舞弊，枉法裁判行为的。

2. 对刑罚已执行完毕，由于发现新的证据，又因同一事实被以新的罪名重新起诉的案件，应适用何种程序进行审理？

答：根据《最高人民法院研究室关于对刑罚已执行完毕，由于发现新的证据，又因同一事实被以新的罪名重新起诉的案件，应适用何种程序进行审理等问题的答复》中的规定，在共同犯罪案件中，对于先行判决且刑罚已经执行完毕，由于同案犯归案发现新的证据，又因同一事实被以新的罪名重新起诉的被告人，原判人民法院应当按照审判监督程序撤销原判决、裁定，并将案件移送有管辖权的人民法院，按照第一审程序与其他同案被告人并案审理。

◆ 第二百五十五条　再审法院

上级人民法院指令下级人民法院再审的，应当指令原审人民法院以外的下级人民法院审理；<u>由原审人民法院审理更为适宜的，也可以指令原审人民法院审理</u>。

◆ **第二百五十六条 再审的程序**

人民法院按照审判监督程序重新审判的案件，由原审人民法院审理的，<u>应当另行组成合议庭进行</u>。如果原来是第一审案件，应当依照第一审程序进行审判，所作的判决、裁定，可以上诉、抗诉；如果原来是第二审案件，或者是上级人民法院提审的案件，应当依照第二审程序进行审判，所作的判决、裁定，是终审的判决、裁定。

人民法院开庭审理的再审案件，同级人民检察院应当派员出席法庭。

实用问答

1. 再审案件经过重新审理后，应当如何处理？

答：根据《最高人民法院关于适用〈中华人民共和国刑事诉讼法〉的解释》第 472 条的规定，再审案件经过重新审理后，应当按照下列情形分别处理：（1）原判决、裁定认定事实和适用法律正确、量刑适当的，应当裁定驳回申诉或者抗诉，维持原判决、裁定；（2）原判决、裁定定罪准确、量刑适当，但在认定事实、适用法律等方面有瑕疵的，应当裁定纠正并维持原判决、裁定；（3）原判决、裁定认定事实没有错误，但适用法律错误或者量刑不当的，应当撤销原判决、裁定，依法改判；（4）依照第二审程序审理的案件，原判决、裁定事实不清、证据不足的，可以在查清事实后改判，也可以裁定撤销原判，发回原审人民法院重新审判。原判决、裁定事实不清或者证据不足，经审理事实已经查清的，应当根据查清的事实依法裁判；事实仍无法查清，证据不足，不能认定被告人有罪的，应当撤销原判决、裁定，判决宣告被告人无罪。

2. 人民法院审理哪些再审案件应当依法开庭审理？

答：根据《最高人民法院关于刑事再审案件开庭审理程序的具体规定》第5条的规定，人民法院审理下列再审案件，应当依法开庭审理：(1) 依照第一审程序审理的；(2) 依照第二审程序需要对事实或者证据进行审理的；(3) 人民检察院按照审判监督程序提出抗诉的；(4) 可能对原审被告人（原审上诉人）加重刑罚的；(5) 有其他应当开庭审理情形的。

◆ **第二百五十七条　再审强制措施**

人民法院决定再审的案件，需要对被告人采取强制措施的，由人民法院依法决定；人民检察院提出抗诉的再审案件，需要对被告人采取强制措施的，由人民检察院依法决定。

人民法院按照审判监督程序审判的案件，可以决定中止原判决、裁定的执行。

实用问答

在什么情况下，再审期间可以决定中止原判决、裁定的执行？

答：根据《最高人民法院关于适用〈中华人民共和国刑事诉讼法〉的解释》第464条的规定，对决定依照审判监督程序重新审判的案件，人民法院应当制作再审决定书。再审期间不停止原判决、裁定的执行，但被告人可能经再审改判无罪，或者可能经再审减轻原判刑罚而致刑期届满的，可以决定中止原判决、裁定的执行，必要时，可以对被告人采取取保候审、监视居住措施。

◆ **第二百五十八条　再审期限**

人民法院按照审判监督程序重新审判的案件，应当在作出提审、再审决定之日起三个月以内审结，需要延长期限的，不得超过六个月。

接受抗诉的人民法院按照审判监督程序审判抗诉的案件，审理期限适用前款规定；对需要指令下级人民法院再审的，应当自接受抗诉之日起一个月以内作出决定，下级人民法院审理案件的期限适用前款规定。

第四编 执 行

◆ **第二百五十九条 执行依据**

判决和裁定在发生法律效力后执行。

下列判决和裁定是发生法律效力的判决和裁定：

（一）已过法定期限没有上诉、抗诉的判决和裁定；

（二）终审的判决和裁定；

（三）最高人民法院核准的死刑的判决和高级人民法院核准的死刑缓期二年执行的判决。

名词解释

刑事执行，是指法定的执行机关依法将已经发生法律效力的判决、裁定所确定的内容付诸实施，以实现国家刑罚权，并解决实施中特定问题的诉讼活动。

◆ **第二百六十条 无罪、免除刑事处罚的判决的执行**

第一审人民法院判决被告人无罪、免除刑事处罚的，如果被告人在押，在宣判后应当立即释放。

名词解释

无罪判决，是指人民法院经过审理，认为被告人的行为不构成犯罪，或因证据不足、罪名难以成立而宣告无罪的判决。

免除刑事处罚，是指人民法院经过审理，认为被告人的行为虽然构成犯罪，应当追究刑事责任，但根据《刑法》规定，不需要判处刑罚的，作出免除刑罚处罚的判决。

◆ 第二百六十一条 死刑令签发及死缓执行

最高人民法院判处和核准的死刑立即执行的判决，应当由最高人民法院院长签发执行死刑的命令。

被判处死刑缓期二年执行的罪犯，在死刑缓期执行期间，如果没有故意犯罪，死刑缓期执行期满，应当予以减刑的，由执行机关提出书面意见，报请高级人民法院裁定；如果故意犯罪，情节恶劣，查证属实，应当执行死刑的，由高级人民法院报请最高人民法院核准；对于故意犯罪未执行死刑的，死刑缓期执行的期间重新计算，并报最高人民法院备案。

实用问答

判处被告人死刑缓期2年执行的判决、裁定在执行过程中，人民检察院监督的内容主要包括哪些？

答： 根据《人民检察院刑事诉讼规则》第650条第1款的规定，判处被告人死刑缓期2年执行的判决、裁定在执行过程中，人民检察院监督的内容主要包括：（1）死刑缓期执行期满，符合法律规定应当减为无期徒刑、有期徒刑条件的，监狱是否及时提出减刑建议提请人民法院裁定，人民法院是否依法裁定；（2）罪犯在缓期执行期间故意犯罪，监狱是否依法侦查和移送起诉；罪犯确系故意犯罪，情节恶劣，查证属实，应当执行死刑的，人民法院是否依法核准或者裁定执行死刑。

◆ **第二百六十二条　死刑交付执行及执行停止**

下级人民法院接到最高人民法院执行死刑的命令后，应当在七日以内交付执行。但是发现有下列情形之一的，应当停止执行，并且立即报告最高人民法院，由最高人民法院作出裁定：

（一）在执行前发现判决可能有错误的；

（二）在执行前罪犯揭发重大犯罪事实或者有其他重大立功表现，可能需要改判的；

（三）罪犯正在怀孕。

前款第一项、第二项停止执行的原因消失后，必须报请最高人民法院院长再签发执行死刑的命令才能执行；由于前款第三项原因停止执行的，应当报请最高人民法院依法改判。

实用问答

1. "可能有错误"包括哪些情形？

答："可能有错误"包括下列情形：（1）罪犯可能有其他犯罪的；（2）共同犯罪的其他犯罪嫌疑人归案，可能影响罪犯量刑的；（3）共同犯罪的其他罪犯被暂停或者停止执行死刑，可能影响罪犯量刑的；（4）判决、裁定可能有影响定罪量刑的其他错误的。

2. 下级人民法院在接到执行死刑命令后、执行前，发现有哪些情形的，应当暂停执行，并立即将请求停止执行死刑的报告和相关材料层报最高人民法院？

答：根据《最高人民法院关于适用〈中华人民共和国刑事诉讼

法〉的解释》第 500 条的规定，下级人民法院在接到执行死刑命令后、执行前，发现有下列情形之一的，应当暂停执行，并立即将请求停止执行死刑的报告和相关材料层报最高人民法院：（1）罪犯可能有其他犯罪的；（2）共同犯罪的其他犯罪嫌疑人到案，可能影响罪犯量刑的；（3）共同犯罪的其他罪犯被暂停或者停止执行死刑，可能影响罪犯量刑的；（4）罪犯揭发重大犯罪事实或者有其他重大立功表现，可能需要改判的；（5）罪犯怀孕的；（6）判决、裁定可能有影响定罪量刑的其他错误的。最高人民法院经审查，认为可能影响罪犯定罪量刑的，应当裁定停止执行死刑；认为不影响的，应当决定继续执行死刑。

◆ **第二百六十三条　死刑执行程序**

人民法院在交付执行死刑前，应当通知同级人民检察院派员临场监督。

死刑采用枪决或者注射等方法执行。

死刑可以在刑场或者指定的羁押场所内执行。

指挥执行的审判人员，对罪犯应当验明正身，讯问有无遗言、信札，然后交付执行人员执行死刑。在执行前，如果发现可能有错误，应当暂停执行，报请最高人民法院裁定。

执行死刑应当公布，不应示众。

执行死刑后，在场书记员应当写成笔录。交付执行的人民法院应当将执行死刑情况报告最高人民法院。

执行死刑后，交付执行的人民法院应当通知罪犯家属。

📄 **实用问答**

罪犯在被执行死刑前是否有权会见其近亲属？会见时需要注意哪些事项？

答：根据《最高人民法院关于适用〈中华人民共和国刑事诉讼法〉的解释》第505条的规定，第一审人民法院在执行死刑前，应当告知罪犯有权会见其近亲属。罪犯申请会见并提供具体联系方式的，人民法院应当通知其近亲属。确实无法与罪犯近亲属取得联系，或者其近亲属拒绝会见的，应当告知罪犯。罪犯申请通过录音录像等方式留下遗言的，人民法院可以准许。罪犯近亲属申请会见的，人民法院应当准许并及时安排，但罪犯拒绝会见的除外。罪犯拒绝会见的，应当记录在案并及时告知其近亲属；必要时，应当录音录像。罪犯申请会见近亲属以外的亲友，经人民法院审查，确有正当理由的，在确保安全的情况下可以准许。罪犯申请会见未成年子女的，应当经未成年子女的监护人同意；会见可能影响未成年人身心健康的，人民法院可以通过视频方式安排会见，会见时监护人应当在场。会见一般在罪犯羁押场所进行。会见情况应当记录在案，附卷存档。

◆ **第二百六十四条　死缓、无期、有期徒刑、拘役的执行**

罪犯被交付执行刑罚的时候，应当由交付执行的人民法院在判决生效后十日以内将有关的法律文书送达公安机关、监狱或者其他执行机关。

对被判处死刑缓期二年执行、无期徒刑、有期徒刑的罪犯，由公安机关依法将该罪犯送交监狱执行刑罚。对被判处有期徒刑的罪犯，在被交付执行刑罚前，剩余刑期在三个月以下的，由看守所代为执行。对被判处拘役的罪犯，由公安机关执行。

对未成年犯应当在未成年犯管教所执行刑罚。

执行机关应当将罪犯及时收押，并且通知罪犯家属。

判处有期徒刑、拘役的罪犯，执行期满，应当由执行机关发给释放证明书。

实用问答

看守所收押犯罪嫌疑人、被告人和罪犯，应当注意哪些事项？

答：根据《公安机关办理刑事案件程序规定》第154～155条的规定，看守所收押犯罪嫌疑人、被告人和罪犯，应当进行健康和体表检查，并予以记录。看守所收押犯罪嫌疑人、被告人和罪犯，应当对其人身和携带的物品进行安全检查。发现违禁物品、犯罪证据和可疑物品，应当制作笔录，由被羁押人签名、捺指印后，送办案机关处理。对女性的人身检查，应当由女工作人员进行。

◆ 第二百六十五条 暂予监外执行

对被判处有期徒刑或者拘役的罪犯，有下列情形之一的，可以暂予监外执行：

（一）有严重疾病需要保外就医的；

（二）怀孕或者正在哺乳自己婴儿的妇女；

（三）生活不能自理，适用暂予监外执行不致危害社会的。

对被判处无期徒刑的罪犯，有前款第二项规定情形的，可以暂予监外执行。

对适用保外就医可能有社会危险性的罪犯，或者自伤自残的罪犯，不得保外就医。

对罪犯确有严重疾病,必须保外就医的,由省级人民政府指定的医院诊断并开具证明文件。

在交付执行前,暂予监外执行由交付执行的人民法院决定;在交付执行后,暂予监外执行由监狱或者看守所提出书面意见,报省级以上监狱管理机关或者设区的市一级以上公安机关批准。

实用问答

对罪犯适用暂予监外执行,由哪些机关决定或者批准?

答: 根据《暂予监外执行规定》第2条的规定,对罪犯适用暂予监外执行,分别由下列机关决定或者批准:(1)在交付执行前,由人民法院决定;(2)在监狱服刑的,由监狱审查同意后提请省级以上监狱管理机关批准;(3)在看守所服刑的,由看守所审查同意后提请设区的市一级以上公安机关批准。对有关职务犯罪罪犯适用暂予监外执行,还应当依照有关规定逐案报请备案审查。

典型案例

吴某龙等贩卖毒品案[①]

裁判要旨: 对不符合《刑事诉讼法》及相关司法解释关于暂予监外执行条件的罪犯,法院不得决定暂予监外执行。看守所或监狱拒绝执行法院依法作出收监决定的,法院应当采取积极措施确保收监决定得到有效执行。在相关法律和司法解释出台前,法院可以通过加强与监管机关沟通协调、协调检察机关依法进行监督以及依靠

---

① 参见《刑事审判参考》总第87集第799号案例。

地方党委采取措施等途径和方法使收监决定得到执行。该案被告人虽经省级人民政府指定医院证明具有严重疾病，但因其罪行严重，被判处无期徒刑，不符合暂予监外执行的条件，法院依法对其不适用暂予监外执行是正确的。

◆ **第二百六十六条　暂予监外执行的监督**

监狱、看守所提出暂予监外执行的书面意见的，应当将书面意见的副本抄送人民检察院。人民检察院可以向决定或者批准机关提出书面意见。

◆ **第二百六十七条　不当监外执行的监督**

决定或者批准暂予监外执行的机关应当将暂予监外执行决定抄送人民检察院。人民检察院认为暂予监外执行不当的，应当自接到通知之日起一个月以内将书面意见送交决定或者批准暂予监外执行的机关，决定或者批准暂予监外执行的机关接到人民检察院的书面意见后，应当立即对该决定进行重新核查。

实用问答

人民检察院何时能对暂予监外执行的活动依法提出纠正意见？

答：根据《人民检察院刑事诉讼规则》第629条的规定，人民检察院发现人民法院、监狱、看守所、公安机关暂予监外执行的活动具有下列情形之一的，应当依法提出纠正意见：（1）将不符合法定条件的罪犯提请、决定暂予监外执行的；（2）提请、决定暂予监外执行的程序违反法律规定或者没有完备的合法手续，或者对于需要保外就医的罪犯没有省级人民政府指定医院的诊断证明和开具的证明文件的；（3）监狱、看守所提出暂予监外执行书面意见，没有同时将书面意见副本抄送人民检察院的；（4）罪犯被决定或者批准暂予监外执行后，未依法交付罪犯居住地社区矫正机构实行社区矫正的；（5）对符合暂予监外执行条件的罪犯没有依法提请暂予监外执行的；（6）人民法院在作出暂予监外执行决定前，没有依法征求人民检察院意见的；（7）发现罪犯不符合暂予监外执行条件，在暂予监外执行期间严重违反暂予监外执行监督管理规定，或者暂予监外执行的条件消失且刑期未满，应当收监执行而未及时收监执行的；（8）人民法院决定将暂予监外执行的罪犯收监执行，并将有关法律文书送达公安机关、监狱、看守所后，监狱、看守所未及时收监执行的；（9）对不符合暂予监外执行条件的罪犯通过贿赂、欺骗等非法手段被暂予监外执行以及在暂予监外执行期间脱逃的罪犯，监狱、看守所未建议人民法院将其监外执行期间、脱逃期间不计入执行刑期或者对罪犯执行刑期计算的建议违法、不当的；（10）暂予监外执行的罪犯刑期届满，未及时办理释放手续的；（11）其他违法情形。

◆ **第二百六十八条　监外执行的终止**

对暂予监外执行的罪犯，有下列情形之一的，应当及时收监：

（一）发现不符合暂予监外执行条件的；

（二）严重违反有关暂予监外执行监督管理规定的；

（三）暂予监外执行的情形消失后，罪犯刑期未满的。

对于人民法院决定暂予监外执行的罪犯应当予以收监的，由人民法院作出决定，将有关的法律文书送达公安机关、监狱或者其他执行机关。

不符合暂予监外执行条件的罪犯通过贿赂等非法手段被暂予

监外执行的,在监外执行的期间不计入执行刑期。罪犯在暂予监外执行期间脱逃的,脱逃的期间不计入执行刑期。

罪犯在暂予监外执行期间死亡的,执行机关应当及时通知监狱或者看守所。

实用问答

人民法院在哪些情形下应当作出收监执行的决定?

答:根据《最高人民法院关于适用〈中华人民共和国刑事诉讼法〉的解释》第516条的规定,人民法院收到社区矫正机构的收监执行建议书后,经审查,确认暂予监外执行的罪犯具有下列情形之一的,应当作出收监执行的决定:(1)不符合暂予监外执行条件的;(2)未经批准离开所居住的市、县,经警告拒不改正,或者拒不报告行踪,脱离监管的;(3)因违反监督管理规定受到治安管理处罚,仍不改正的;(4)受到执行机关两次警告,仍不改正的;(5)保外就医期间不按规定提交病情复查情况,经警告拒不改正的;(6)暂予监外执行的情形消失后,刑期未满的;(7)保证人丧失保证条件或者因不履行义务被取消保证人资格,不能在规定期限内提出新的保证人的;(8)违反法律、行政法规和监督管理规定,情节严重的其他情形。

◆ 第二百六十九条 社区矫正

对被判处管制、宣告缓刑、假释或者暂予监外执行的罪犯,依法实行社区矫正,由社区矫正机构负责执行。

📄 **实用问答**

人民法院何时应当作出撤销缓刑的裁定？

答：根据《最高人民法院关于适用〈中华人民共和国刑事诉讼法〉的解释》第543条第1款的规定，人民法院收到社区矫正机构的撤销缓刑建议书后，经审查，确认罪犯在缓刑考验期限内具有下列情形之一的，应当作出撤销缓刑的裁定：（1）违反禁止令，情节严重的；（2）无正当理由不按规定时间报到或者接受社区矫正期间脱离监管，超过1个月的；（3）因违反监督管理规定受到治安管理处罚，仍不改正的；（4）受到执行机关二次警告，仍不改正的；（5）违反法律、行政法规和监督管理规定，情节严重的其他情形。

◆ **第二百七十条　剥夺政治权利的执行**

对被判处剥夺政治权利的罪犯，由公安机关执行。执行期满，应当由执行机关书面通知本人及其所在单位、居住地基层组织。

📄 **实用问答**

被剥夺政治权利的罪犯在执行期间应当遵守哪些规定？

答：根据《公安机关办理刑事案件程序规定》第312条的规定，被剥夺政治权利的罪犯在执行期间应当遵守下列规定：（1）遵守国家法律、行政法规和公安部制定的有关规定，服从监督管理；（2）不得享有选举权和被选举权；（3）不得组织或者参加集会、游行、示威、结社活动；（4）不得出版、制作、发行书籍、音像制品；（5）不得接受采访，发表演说；（6）不得在境内外发表有损国家荣誉、利益或者其他具有社会危害性的言论；（7）不得担任国家机关职务；

（8）不得担任国有公司、企业、事业单位和人民团体的领导职务。

◆ **第二百七十一条　罚金刑的执行**

被判处罚金的罪犯，期满不缴纳的，人民法院<u>应当强制缴纳</u>；如果由于遭遇不能抗拒的灾祸等原因缴纳<u>确实有困难的</u>，经人民法院裁定，<u>可以延期缴纳、酌情减少或者免除</u>。

实用问答

1. 刑事裁判涉财产部分的执行包括执行哪些判项？

答： 根据《最高人民法院关于适用〈中华人民共和国刑事诉讼法〉的解释》第521条的规定，刑事裁判涉财产部分的执行，是指发生法律效力的刑事裁判中下列判项的执行：（1）罚金、没收财产；（2）追缴、责令退赔违法所得；（3）处置随案移送的赃款赃物；（4）没收随案移送的供犯罪所用本人财物；（5）其他应当由人民法院执行的相关涉财产的判项。

2. 被执行人在执行中同时承担刑事责任、民事责任，其财产不足以支付的，按照哪些顺序执行？

答： 根据《最高人民法院关于刑事裁判涉财产部分执行的若干规定》第13条的规定，被执行人在执行中同时承担刑事责任、民事责任，其财产不足以支付的，按照下列顺序执行：（1）人身损害赔偿中的医疗费用；（2）退赔被害人的损失；（3）其他民事债务；（4）罚金；（5）没收财产。债权人对执行标的依法享有优先受偿权，其主张优先受偿的，人民法院应当在前述第1项规定的医疗费用受偿后，予以支持。

◆ **第二百七十二条　没收财产刑的执行**

没收财产的判决，无论附加适用或者独立适用，都由人民法院执行；在必要的时候，可以会同公安机关执行。

名词解释

没收财产，是指将犯罪分子个人所有财产的一部分或者全部强制无偿地收归国有的刑罚方法。

实用问答

执行财产刑时是否要保留被执行人及其所扶养人的生活必需费用？

答：根据《最高人民法院关于适用〈中华人民共和国刑事诉讼法〉的解释》第526条的规定，执行财产刑，应当参照被扶养人住所地政府公布的上年度当地居民最低生活费标准，保留被执行人及其所扶养人的生活必需费用。

◆ **第二百七十三条　新罪、漏罪的追诉及减刑、假释**

罪犯在服刑期间又犯罪的，或者发现了判决的时候所没有发现的罪行，由执行机关移送人民检察院处理。

被判处管制、拘役、有期徒刑或者无期徒刑的罪犯，在执行期间确有悔改或者立功表现，应当依法予以减刑、假释的时候，由执行机关提出建议书，报请人民法院审核裁定，并将建议书副本抄送人民检察院。人民检察院可以向人民法院提出书面意见。

名词解释

新罪，是指罪犯在服刑期间实施了触犯刑法、依法应当追究刑事责任的行为。

漏罪，是指在罪犯服刑期间发现了其在判决宣告前实施的尚未被判决的罪行。

实用问答

1. 对减刑、假释案件应当如何处理？

答：根据《最高人民法院关于适用〈中华人民共和国刑事诉讼法〉的解释》第534条的规定，对减刑、假释案件，应当按照下列情形分别处理：（1）对被判处死刑缓期执行的罪犯的减刑，由罪犯服刑地的高级人民法院在收到同级监狱管理机关审核同意的减刑建议书后1个月以内作出裁定；（2）对被判处无期徒刑的罪犯的减刑、假释，由罪犯服刑地的高级人民法院在收到同级监狱管理机关审核同意的减刑、假释建议书后1个月以内作出裁定，案情复杂或者情况特殊的，可以延长1个月；（3）对被判处有期徒刑和被减为有期徒刑的罪犯的减刑、假释，由罪犯服刑地的中级人民法院在收到执行机关提出的减刑、假释建议书后1个月以内作出裁定，案情复杂或者情况特殊的，可以延长1个月；（4）对被判处管制、拘役的罪犯的减刑，由罪犯服刑地的中级人民法院在收到同级执行机关审核同意的减刑建议书后1个月以内作出裁定。对社区矫正对象的减刑，由社区矫正执行地的中级以上人民法院在收到社区矫正机构减刑建议书后30日以内作出裁定。

2. 审理哪些减刑、假释案件应当开庭审理？

答：根据《最高人民法院关于适用〈中华人民共和国刑事诉讼

法〉的解释》第538条的规定，审理减刑、假释案件，应当组成合议庭，可以采用书面审理的方式，但下列案件应当开庭审理：（1）因罪犯有重大立功表现提请减刑的；（2）提请减刑的起始时间、间隔时间或者减刑幅度不符合一般规定的；（3）被提请减刑、假释罪犯系职务犯罪罪犯，组织、领导、参加、包庇、纵容黑社会性质组织罪犯，破坏金融管理秩序罪犯或者金融诈骗罪犯的；（4）社会影响重大或者社会关注度高的；（5）公示期间收到不同意见的；（6）人民检察院提出异议的；（7）有必要开庭审理的其他案件。

◆ **第二百七十四条 对减刑、假释的监督**

人民检察院认为人民法院减刑、假释的裁定不当，应当在收到裁定书副本后二十日以内，向人民法院提出书面纠正意见。人民法院应当在收到纠正意见后一个月以内重新组成合议庭进行审理，作出最终裁定。

实用问答

人民检察院发现监狱等执行机关提请人民法院裁定减刑、假释的活动具有哪些情形的，应当依法提出纠正意见？

答： 根据《人民检察院刑事诉讼规则》第636条的规定，人民检察院发现监狱等执行机关提请人民法院裁定减刑、假释的活动具有下列情形之一的，应当依法提出纠正意见：（1）将不符合减刑、假释法定条件的罪犯，提请人民法院裁定减刑、假释的；（2）对依法应当减刑、假释的罪犯，不提请人民法院裁定减刑、假释的；（3）提请对罪犯减刑、假释违反法定程序，或者没有完备的合法手续的；（4）提请对罪犯减刑的减刑幅度、起始时间、间隔时间或者减刑后又假释的间隔时间不符合有关规定的；（5）被提请减刑、假释的罪犯被减刑后实际执行的刑期或者假释考验期不符合有关法律规定的；（6）其他违法情形。

> ◆ **第二百七十五条　错判及申诉的处理**
>
> 　　监狱和其他执行机关在刑罚执行中，如果认为判决有错误或者罪犯提出申诉，<u>应当转请人民检察院或者原判人民法院处理</u>。

> ◆ **第二百七十六条　执行的监督**
>
> 　　人民检察院对执行机关执行刑罚的活动是否合法<u>实行监督</u>。如果发现有违法的情况，<u>应当通知执行机关纠正</u>。

实用问答

人民检察院对刑罚执行和监管执法活动实行监督时可以根据实际情况如何进行处理？

答：根据《人民检察院刑事诉讼规则》第 624 条的规定，人民检察院对刑罚执行和监管执法活动实行监督，可以根据下列情形分别处理：（1）发现执法瑕疵、安全隐患，或者违法情节轻微的，口头提出纠正意见，并记录在案；（2）发现严重违法，发生重大事故，或者口头提出纠正意见后 7 日以内未予纠正的，书面提出纠正意见；（3）发现存在可能导致执法不公问题，或者存在重大监管漏洞、重大安全隐患、重大事故风险等问题的，提出检察建议。对于在巡回检察中发现的前述规定的问题、线索的整改落实情况，通过巡回检察进行督导。

第五编　特别程序

第一章　未成年人刑事案件诉讼程序

> **第二百七十七条　未成年人犯罪审理原则**
>
> 对犯罪的未成年人实行教育、感化、挽救的方针,坚持教育为主、惩罚为辅的原则。
>
> 人民法院、人民检察院和公安机关办理未成年人刑事案件,应当保障未成年人行使其诉讼权利,保障未成年人得到法律帮助,并由熟悉未成年人身心特点的审判人员、检察人员、侦查人员承办。

实用问答

哪些案件可以由未成年人案件审判组织审理?

答: 根据《最高人民法院关于适用〈中华人民共和国刑事诉讼法〉的解释》第550条的规定,被告人实施被指控的犯罪时不满18周岁、人民法院立案时不满20周岁的案件,由未成年人案件审判组织审理。下列案件可以由未成年人案件审判组织审理:(1)人民法院立案时不满22周岁的在校学生犯罪案件;(2)强奸、猥亵、虐待、遗弃未成年人等侵害未成年人人身权利的犯罪案件；（3）由未成年人案件审判组织审理更为适宜的其他案件。共同犯罪案件有未成年被告人的或者其他涉及未成年人的刑事案件，是否由未成年人案件审判组织审理，由院长根据实际情况决定。

◆ 第二百七十八条　法律援助

未成年犯罪嫌疑人、被告人没有委托辩护人的，人民法院、人民检察院、公安机关应当通知法律援助机构指派律师为其提供辩护。

◆ 第二百七十九条　社会调查程序

公安机关、人民检察院、人民法院办理未成年人刑事案件，根据情况可以对未成年犯罪嫌疑人、被告人的成长经历、犯罪原因、监护教育等情况进行调查。

实用问答

人民检察院如何对未成年犯罪嫌疑人开展社会调查？

答：根据《人民检察院刑事诉讼规则》第461条的规定，人民检察院根据情况可以对未成年犯罪嫌疑人的成长经历、犯罪原因、监护教育等情况进行调查，并制作社会调查报告，作为办案和教育的参考。人民检察院开展社会调查，可以委托有关组织和机构进行。开展社会调查应当尊重和保护未成年人隐私，不得向不知情人员泄露未成年犯罪嫌疑人的涉案信息。人民检察院应当对公安机关移送的社会调查报告进行审查。必要时，可以进行补充调查。人民检察院制作的社会调查报告应当随案移送人民法院。

◆ **第二百八十条　逮捕措施慎用原则**

对未成年犯罪嫌疑人、被告人应当严格限制适用逮捕措施。人民检察院审查批准逮捕和人民法院决定逮捕，应当讯问未成年犯罪嫌疑人、被告人，听取辩护律师的意见。

对被拘留、逮捕和执行刑罚的未成年人与成年人应当分别关押、分别管理、分别教育。

实用问答

可以不批准逮捕哪些未成年犯罪嫌疑人？

答：根据《人民检察院刑事诉讼规则》第463条第2款的规定，对于罪行比较严重，但主观恶性不大，有悔罪表现，具备有效监护条件或者社会帮教措施，具有下列情形之一，不逮捕不致发生社会危险性的未成年犯罪嫌疑人，可以不批准逮捕：（1）初次犯罪、过失犯罪的；（2）犯罪预备、中止、未遂的；（3）防卫过当、避险过当的；（4）有自首或者立功表现的；（5）犯罪后认罪认罚，或者积极退赃，尽力减少和赔偿损失，被害人谅解的；（6）不属于共同犯罪的主犯或者集团犯罪中的首要分子的；（7）属于已满14周岁不满16周岁的未成年人或者系在校学生的；（8）其他可以不批准逮捕的情形。

◆ **第二百八十一条　合适成年人到场制度**

对于未成年人刑事案件，在讯问和审判的时候，应当通知未成年犯罪嫌疑人、被告人的法定代理人到场。无法通知、法定代理人不能到场或者法定代理人是共犯的，也可以通知未成年犯罪嫌疑人、被告人的其他成年亲属，所在学校、单位、居住地基层组织或者未成年人保护组织的代表到场，并将有关情况记录在案。到场的法定代理人可以代为行使未成年犯罪嫌疑人、被告人的诉讼权利。

到场的法定代理人或者其他人员认为办案人员在讯问、审判中侵犯未成年人合法权益的，可以提出意见。讯问笔录、法庭笔录应当交给到场的法定代理人或者其他人员阅读或者向他宣读。

讯问女性未成年犯罪嫌疑人，应当有女工作人员在场。

审判未成年人刑事案件，未成年被告人最后陈述后，其法定代理人可以进行补充陈述。

询问未成年被害人、证人，适用第一款、第二款、第三款的规定。

实用问答

在未成年人案件中，哪些人不得担任合适成年人？

答： 根据《未成年人刑事检察工作指引（试行）》第51条的规定，人民检察院应当对到场合适成年人的情况进行审查。有下列情形之一的，不得担任合适成年人：（1）刑罚尚未执行完毕或者处于缓刑、假释考验期间的；（2）依法被剥夺、限制人身自由的；（3）无行为能力或者限制行为能力的；（4）案件的诉讼代理人、辩护人、证人、鉴定人员、翻译人员以及公安机关、检察机关、法院、司法行政机关的工作人员；（5）与案件处理结果有利害关系的；（6）其他不适宜担任合适成年人的情形。

◆ 第二百八十二条　附条件不起诉制度

对于未成年人涉嫌刑法分则第四章、第五章、第六章规定的犯罪，可能判处一年有期徒刑以下刑罚，符合起诉条件，但有悔罪表现的，人民检察院可以作出附条件不起诉的决定。人民检察院在作出附条件不起诉的决定以前，应当听取公安机关、被害人的意见。

对附条件不起诉的决定，公安机关要求复议、提请复核或者被害人申诉的，适用本法第一百七十九条、第一百八十条的规定。

未成年犯罪嫌疑人及其法定代理人对人民检察院决定附条件不起诉有异议的，人民检察院应当作出起诉的决定。

实用问答

犯罪嫌疑人具有哪些情形时会被认为具有悔罪表现？

答：根据《未成年人刑事检察工作指引（试行）》第181条第3款的规定，具有下列情形之一的，一般认为具有悔罪表现：（1）犯罪嫌疑人认罪认罚的；（2）向被害人赔礼道歉、积极退赃、尽力减少或者赔偿损失的；（3）取得被害人谅解的；（4）具有自首或者立功表现的；（5）犯罪中止的；（6）其他具有悔罪表现的情形。

> **典型案例**

李某诈骗、传授犯罪方法牛某等人诈骗案[①]

裁判要旨： 对于一人犯数罪符合起诉条件，但根据其认罪认罚等情况，可能判处一年有期徒刑以下刑罚的，检察机关可以依法适用附条件不起诉。对于涉罪未成年人存在家庭教育缺位或者不当问题的，应当突出加强家庭教育指导，因案因人进行精准帮教。通过个案办理和法律监督，积极推进社会支持体系建设。

牛某非法拘禁案[②]

裁判要旨： 检察机关对于公安机关移送的社会调查报告应当认真审查，报告内容不能全面反映未成年人成长经历、犯罪原因、监护教育等情况的，可以商公安机关补充调查，也可以自行或者委托其他有关组织、机构补充调查。对实施犯罪行为时系未成年人但诉讼过程中已满18周岁的犯罪嫌疑人，符合条件的，可以适用附条件不起诉。对于外地户籍未成年犯罪嫌疑人，办案检察机关可以委托未成年人户籍所在地检察机关开展异地协作考察帮教，两地检察机关要各司其职，密切配合，确保帮教取得实效。

[①] 参见最高人民检察院指导性案例检例第105号。
[②] 参见最高人民检察院指导性案例检例第106号。

◆ **第二百八十三条　附条件不起诉监督考察**

在附条件不起诉的考验期内，由人民检察院对被附条件不起诉的未成年犯罪嫌疑人进行监督考察。未成年犯罪嫌疑人的监护人，应当对未成年犯罪嫌疑人加强管教，配合人民检察院做好监督考察工作。

附条件不起诉的考验期为六个月以上一年以下，从人民检察院作出附条件不起诉的决定之日起计算。

被附条件不起诉的未成年犯罪嫌疑人，<u>应当遵守下列规定</u>：

（一）遵守法律法规，服从监督；

（二）按照考察机关的规定报告自己的活动情况；

（三）离开所居住的市、县或者迁居，应当报经考察机关批准；

（四）按照考察机关的要求接受矫治和教育。

实用问答

人民检察院可以要求被附条件不起诉的未成年犯罪嫌疑人接受哪些矫治和教育？

答：根据《人民检察院刑事诉讼规则》第 476 条的规定，人民检察院可以要求被附条件不起诉的未成年犯罪嫌疑人接受下列矫治和教育：（1）完成戒瘾治疗、心理辅导或者其他适当的处遇措施；（2）向社区或者公益团体提供公益劳动；（3）不得进入特定场所，与特定的人员会见或者通信，从事特定的活动；（4）向被害人赔偿损失、赔礼道歉等；（5）接受相关教育；（6）遵守其他保护被害人安全以及预防再犯的禁止性规定。

> **典型案例**

胡某某抢劫案①

裁判要旨： 办理附条件不起诉案件，应当准确把握其与不起诉的界限。对于涉罪未成年在校学生附条件不起诉，应当坚持最有利于未成年人健康成长原则，找准办案、帮教与保障学业的平衡点，灵活掌握办案节奏和考察帮教方式。要阶段性评估帮教成效，根据被附条件不起诉人角色转变和个性需求，动态调整考验期限和帮教内容。

庄某等人敲诈勒索案②

裁判要旨： 检察机关对共同犯罪的未成年人适用附条件不起诉时，应当遵循精准帮教的要求对每名涉罪未成年人设置个性化附带条件。监督考察时，要根据涉罪未成年人回归社会的不同需求，督促制定所附条件执行的具体计划，分阶段评估帮教效果，发现问题及时调整帮教方案，提升精准帮教实效。

◆ **第二百八十四条　附条件不起诉的撤销情形**

被附条件不起诉的未成年犯罪嫌疑人，在考验期内有下列情形之一的，人民检察院<u>应当撤销附条件不起诉的决定</u>，提起

---

① 参见最高人民检察院指导性案例检例第 103 号。
② 参见最高人民检察院指导性案例检例第 104 号。

公诉：

（一）实施新的犯罪或者发现决定附条件不起诉以前还有其他犯罪需要追诉的；

（二）违反治安管理规定或者考察机关有关附条件不起诉的监督管理规定，情节严重的。

被附条件不起诉的未成年犯罪嫌疑人，在考验期内没有上述情形，考验期满的，人民检察院应当作出不起诉的决定。

典型案例

唐某等人聚众斗殴案[①]

裁判要旨：对于被附条件不起诉人在考验期内多次违反监督管理规定，逃避或脱离矫治和教育，经强化帮教措施后仍无悔改表现，附条件不起诉的挽救功能无法实现，符合"违反考察机关监督管理规定，情节严重"的，应当依法撤销附条件不起诉决定，提起公诉。

◆ 第二百八十五条　不公开审理

审判的时候被告人不满十八周岁的案件，不公开审理。但是，经未成年被告人及其法定代理人同意，未成年被告人所在学校和未成年人保护组织可以派代表到场。

---

① 参见最高人民检察院指导性案例检例第107号。

◆ **第二百八十六条　犯罪记录封存**

犯罪的时候不满十八周岁，被判处五年有期徒刑以下刑罚的，应当对相关犯罪记录予以封存。

犯罪记录被封存的，不得向任何单位和个人提供，但司法机关为办案需要或者有关单位根据国家规定进行查询的除外。依法进行查询的单位，应当对被封存的犯罪记录的情况予以保密。

实用问答

何时应当对未成年人犯罪记录解除封存？

答：根据《人民检察院刑事诉讼规则》第485条的规定，未成年人犯罪记录封存后，没有法定事由、未经法定程序不得解封。对被封存犯罪记录的未成年人，符合下列条件之一的，应当对其犯罪记录解除封存：（1）实施新的犯罪，且新罪与封存记录之罪数罪并罚后被决定执行5年有期徒刑以上刑罚的；（2）发现漏罪，且漏罪与封存记录之罪数罪并罚后被决定执行5年有期徒刑以上刑罚的。

◆ **第二百八十七条　其他规定**

办理未成年人刑事案件，除本章已有规定的以外，按照本法的其他规定进行。

第二章　当事人和解的公诉案件诉讼程序

◆ 第二百八十八条　和解情形

下列公诉案件,犯罪嫌疑人、被告人真诚悔罪,通过向被害人赔偿损失、赔礼道歉等方式获得被害人谅解,被害人自愿和解的,双方当事人可以和解:

(一)因民间纠纷引起,涉嫌刑法分则第四章、第五章规定的犯罪案件,可能判处三年有期徒刑以下刑罚的;

(二)除渎职犯罪以外的可能判处七年有期徒刑以下刑罚的过失犯罪案件。

犯罪嫌疑人、被告人在五年以内曾经故意犯罪的,不适用本章规定的程序。

实用问答

当事人和解的公诉案件应当符合哪些条件?

答: 根据《人民检察院刑事诉讼规则》第492条第2款的规定,当事人和解的公诉案件应当同时符合下列条件:(1)犯罪嫌疑人真诚悔罪,向被害人赔偿损失、赔礼道歉等;(2)被害人明确表示对犯罪嫌疑人予以谅解;(3)双方当事人自愿和解,符合有关法律规定;(4)属于侵害特定被害人的故意犯罪或者有直接被害人的过失犯罪;(5)案件事实清楚,证据确实、充分。

◆ **第二百八十九条　和解协议书**

双方当事人和解的，公安机关、人民检察院、人民法院应当听取当事人和其他有关人员的意见，对和解的自愿性、合法性进行审查，并主持制作和解协议书。

实用问答

人民检察院在对和解的自愿性、合法性进行审查时，应当重点审查哪些内容？

答：根据《人民检察院刑事诉讼规则》第497条的规定，人民检察院应当对和解的自愿性、合法性进行审查，重点审查以下内容：（1）双方当事人是否自愿和解；（2）犯罪嫌疑人是否真诚悔罪，是否向被害人赔礼道歉，赔偿数额与其所造成的损害和赔偿能力是否相适应；（3）被害人及其法定代理人或者近亲属是否明确表示对犯罪嫌疑人予以谅解；（4）是否符合法律规定；（5）是否损害国家、集体和社会公共利益或者他人的合法权益；（6）是否符合社会公德。审查时，应当听取双方当事人和其他有关人员对和解的意见，告知刑事案件可能从宽处理的法律后果和双方的权利义务，并制作笔录附卷。

◆ **第二百九十条　和解协议书的效力**

对于达成和解协议的案件，公安机关可以向人民检察院提出从宽处理的建议。人民检察院可以向人民法院提出从宽处罚的建议；对于犯罪情节轻微，不需要判处刑罚的，可以作出不起诉的决定。人民法院可以依法对被告人从宽处罚。

实用问答

和解协议约定的赔偿损失内容应当何时履行?

答：根据《最高人民法院关于适用〈中华人民共和国刑事诉讼法〉的解释》第593条的规定，和解协议约定的赔偿损失内容，被告人应当在协议签署后即时履行。和解协议已经全部履行，当事人反悔的，人民法院不予支持，但有证据证明和解违反自愿、合法原则的除外。

第三章　缺席审判程序

> **◆ 第二百九十一条　缺席审判的案件范围、条件和管辖**
>
> 　　对于贪污贿赂犯罪案件，以及需要及时进行审判，经最高人民检察院核准的严重危害国家安全犯罪、恐怖活动犯罪案件，犯罪嫌疑人、被告人在境外，监察机关、公安机关移送起诉，人民检察院认为犯罪事实已经查清，证据确实、充分，依法应当追究刑事责任的，可以向人民法院提起公诉。人民法院进行审查后，对于起诉书中有明确的指控犯罪事实，符合缺席审判程序适用条件的，应当决定开庭审判。
>
> 　　前款案件，由犯罪地、被告人离境前居住地或者最高人民法院指定的中级人民法院组成合议庭进行审理。

实用问答

对人民检察院依照《刑事诉讼法》第 291 条第 1 款的规定提起公诉的案件，人民法院应当重点审查哪些内容？

答：根据《最高人民法院关于适用〈中华人民共和国刑事诉讼法〉的解释》第 598 条的规定，对人民检察院依照《刑事诉讼法》第 291 条第 1 款的规定提起公诉的案件，人民法院应当重点审查以下内容：（1）是否属于可以适用缺席审判程序的案件范围；（2）是否属于本院管辖；（3）是否写明被告人的基本情况，包括明确的境外居住地、联系方式等；（4）是否写明被告人涉嫌有关犯罪的主要事实,并附证据材料;(5)是否写明被告人有无近亲属以及近亲属的姓名、身份、住址、联系方式等情况;(6)是否列明违法所得及其他涉案财产的种类、数量、价值、所在地等,并附证据材料;(7)是否附有查封、扣押、冻结违法所得及其他涉案财产的清单和相关法律手续。前述规定的材料需要翻译件的,人民法院应当要求人民检察院一并移送。

◆ **第二百九十二条　向被告人送达起诉书副本**

人民法院应当通过有关国际条约规定的或者外交途径提出的司法协助方式,或者被告人所在地法律允许的其他方式,将传票和人民检察院的起诉书副本送达被告人。传票和起诉书副本送达后,被告人未按要求到案的,人民法院应当开庭审理,依法作出判决,并对违法所得及其他涉案财产作出处理。

◆ **第二百九十三条　委托辩护、指定辩护**

人民法院缺席审判案件,被告人有权委托辩护人,被告人的近亲属可以代为委托辩护人。被告人及其近亲属没有委托辩护人的,人民法院应当通知法律援助机构指派律师为其提供辩护。

◆ **第二百九十四条　判决书的送达和上诉、抗诉**

人民法院应当将判决书送达被告人及其近亲属、辩护人。被告人或者其近亲属不服判决的,有权向上一级人民法院上诉。辩护人经被告人或者其近亲属同意,可以提出上诉。

人民检察院认为人民法院的判决确有错误的,应当向上一级人民法院提出抗诉。

◆ **第二百九十五条　重新审理**

在审理过程中，被告人自动投案或者被抓获的，人民法院应当重新审理。

罪犯在判决、裁定发生法律效力后到案的，人民法院应当将罪犯交付执行刑罚。交付执行刑罚前，人民法院应当告知罪犯有权对判决、裁定提出异议。罪犯对判决、裁定提出异议的，人民法院应当重新审理。

依照生效判决、裁定对罪犯的财产进行的处理确有错误的，应当予以返还、赔偿。

实用问答

提起公诉后被告人到案，人民法院拟重新审理的，人民检察院应当如何处理？

答：根据《人民检察院刑事诉讼规则》第510条的规定，提起公诉后被告人到案，人民法院拟重新审理的，人民检察院应当商人民法院将案件撤回并重新审查。

◆ **第二百九十六条　被告人因病不能出庭的缺席审判**

因被告人患有严重疾病无法出庭，中止审理超过六个月，被告人仍无法出庭，被告人及其法定代理人、近亲属申请或者同意恢复审理的，人民法院可以在被告人不出庭的情况下缺席审理，依法作出判决。

◆ **第二百九十七条　被告人死亡案件的缺席审判**

被告人死亡的，人民法院应当裁定终止审理，但有证据证明被告人无罪，人民法院经缺席审理确认无罪的，应当依法作出判决。

人民法院按照审判监督程序重新审判的案件，被告人死亡的，人民法院可以缺席审理，依法作出判决。

第四章　犯罪嫌疑人、被告人逃匿、死亡案件违法所得的没收程序

◆ **第二百九十八条　没收违法所得情形**

对于贪污贿赂犯罪、恐怖活动犯罪等重大犯罪案件，犯罪嫌疑人、被告人逃匿，在通缉一年后不能到案，或者犯罪嫌疑人、被告人死亡，依照刑法规定应当追缴其违法所得及其他涉案财产的，人民检察院可以向人民法院提出没收违法所得的申请。

公安机关认为有前款规定情形的，应当写出没收违法所得意见书，移送人民检察院。

没收违法所得的申请应当提供与犯罪事实、违法所得相关的证据材料，并列明财产的种类、数量、所在地及查封、扣押、冻结的情况。

人民法院在必要的时候，可以查封、扣押、冻结申请没收的财产。

实用问答

1.《刑事诉讼法》第 298 条规定的"贪污贿赂犯罪、恐怖活动犯罪等"犯罪案件包括哪些案件？

答：根据《最高人民法院关于适用〈中华人民共和国刑事诉讼法〉的解释》第 609 条的规定，《刑事诉讼法》第 298 条规定的"贪

污贿赂犯罪、恐怖活动犯罪等"犯罪案件，是指下列案件：（1）贪污贿赂、失职渎职等职务犯罪案件；（2）《刑法》分则第二章规定的相关恐怖活动犯罪案件，以及恐怖活动组织、恐怖活动人员实施的杀人、爆炸、绑架等犯罪案件；（3）危害国家安全、走私、洗钱、金融诈骗、黑社会性质组织、毒品犯罪案件；（4）电信诈骗、网络诈骗犯罪案件。

2. 对人民检察院提出的没收违法所得申请，人民法院应当审查哪些内容？

答：根据《最高人民法院关于适用〈中华人民共和国刑事诉讼法〉的解释》第612条的规定，对人民检察院提出的没收违法所得申请，人民法院应当审查以下内容：（1）是否属于可以适用违法所得没收程序的案件范围；（2）是否属于本院管辖；（3）是否写明犯罪嫌疑人、被告人基本情况，以及涉嫌有关犯罪的情况，并附证据材料；（4）是否写明犯罪嫌疑人、被告人逃匿、被通缉、脱逃、下落不明、死亡等情况，并附证据材料；（5）是否列明违法所得及其他涉案财产的种类、数量、价值、所在地等，并附证据材料；（6）是否附有查封、扣押、冻结违法所得及其他涉案财产的清单和法律手续；（7）是否写明犯罪嫌疑人、被告人有无利害关系人，利害关系人的姓名、身份、住址、联系方式及其要求等情况；（8）是否写明申请没收的理由和法律依据；（9）其他依法需要审查的内容和材料。前述规定的材料需要翻译件的，人民法院应当要求人民检察院一并移送。

> **典型案例**

白某贪污违法所得没收案[①]

裁判要旨：检察机关提出没收违法所得申请，应有证据证明申请没收的财产直接或者间接来源于犯罪所得，或者能够排除财产合法来源的可能性。人民检察院出席申请没收违法所得案件庭审，应当重点对于申请没收的财产属于违法所得进行举证。对于专业性较强的案件，可以申请鉴定人出庭。

彭某峰受贿，贾某语受贿、洗钱违法所得没收案[②]

裁判要旨：对于跨境转移贪污贿赂所得的洗钱犯罪案件，检察机关应当依法适用特别程序追缴贪污贿赂违法所得。对于犯罪嫌疑人、被告人转移至境外的财产，如果有证据证明具有高度可能属于违法所得及其他涉案财产的，可以依法申请予以没收。对于共同犯罪的主犯逃匿境外，其他共同犯罪人已经在境内依照普通刑事诉讼程序处理的案件，应当充分考虑主犯应对全案事实负责以及国际刑事司法协助等因素，依法审慎适用特别程序追缴违法所得。

[①] 参见最高人民检察院指导性案例检例第127号。
[②] 参见最高人民检察院指导性案例检例第128号。

黄某兰贪污违法所得没收案[①]

裁判要旨：检察机关在适用违法所得没收程序中，应当承担证明有犯罪事实以及申请没收的财产属于违法所得及其他涉案财产的举证责任。利害关系人及其诉讼代理人参加诉讼并主张权利，但不能提供合法证据或者其主张明显与事实不符的，应当依法予以辩驳。善意第三方对申请没收财产享有合法权利的，应当依法予以保护。

任某厚受贿、巨额财产来源不明违法所得没收案[②]

裁判要旨：涉嫌巨额财产来源不明犯罪的人在立案前死亡，依照刑法规定应当追缴其违法所得及其他涉案财产的，可以依法适用违法所得没收程序。对涉案的巨额财产，可以由其近亲属或其他利害关系人说明来源。没有近亲属或其他利害关系人主张权利或者说明来源，或者近亲属或其他利害关系人主张权利所提供的证据达不到相应证明标准，或说明的来源经查证不属实的，依法认定为违法所得予以申请没收。违法所得与合法财产混同并产生孳息的，可以按照违法所得占比计算孳息予以申请没收。

[①] 参见最高人民检察院指导性案例检例第129号。
[②] 参见最高人民检察院指导性案例检例第130号。

◆ **第二百九十九条　没收违法所得审理程序**

没收违法所得的申请，由犯罪地或者犯罪嫌疑人、被告人居住地的中级人民法院组成合议庭进行审理。

人民法院受理没收违法所得的申请后，<u>应当发出公告。公告期间为六个月</u>。犯罪嫌疑人、被告人的近亲属和其他利害关系人有权申请参加诉讼，也可以委托诉讼代理人参加诉讼。

人民法院在公告期满后对没收违法所得的申请进行审理。利害关系人参加诉讼的，人民法院应当开庭审理。

实用问答

人民法院受理没收违法所得的申请后，发布的公告应当载明哪些内容？

答：根据《最高人民法院关于适用〈中华人民共和国刑事诉讼法〉的解释》第614条第1款的规定，人民法院受理没收违法所得的申请后，应当在15日以内发布公告。公告应当载明以下内容：（1）案由、案件来源；（2）犯罪嫌疑人、被告人的基本情况；（3）犯罪嫌疑人、被告人涉嫌犯罪的事实；（4）犯罪嫌疑人、被告人逃匿、被通缉、脱逃、下落不明、死亡等情况；（5）申请没收的财产的种类、数量、价值、所在地等以及已查封、扣押、冻结财产的清单和法律手续；（6）申请没收的财产属于违法所得及其他涉案财产的相关事实；（7）申请没收的理由和法律依据；（8）利害关系人申请参加诉讼的期限、方式以及未按照该期限、方式申请参加诉讼可能承担的不利法律后果；（9）其他应当公告的情况。

◆ 第三百条　没收违法所得审理结果

人民法院经审理，对经查证属于违法所得及其他涉案财产，除依法返还被害人的以外，应当裁定予以没收；对不属于应当追缴的财产的，应当裁定驳回申请，解除查封、扣押、冻结措施。

对于人民法院依照前款规定作出的裁定，犯罪嫌疑人、被告人的近亲属和其他利害关系人或者人民检察院可以提出上诉、抗诉。

◆ 第三百零一条　终止审理情形

在审理过程中，在逃的犯罪嫌疑人、被告人自动投案或者被抓获的，人民法院应当终止审理。

没收犯罪嫌疑人、被告人财产确有错误的，应当予以返还、赔偿。

第五章　依法不负刑事责任的精神病人的强制医疗程序

◆ **第三百零二条　强制医疗适用条件**

实施暴力行为，危害公共安全或者严重危害公民人身安全，经法定程序鉴定依法不负刑事责任的精神病人，有继续危害社会可能的，可以予以强制医疗。

实用问答

人民检察院申请对依法不负刑事责任的精神病人强制医疗的案件，由哪个法院管辖？

答：根据《最高人民法院关于适用〈中华人民共和国刑事诉讼法〉的解释》第631条的规定，人民检察院申请对依法不负刑事责任的精神病人强制医疗的案件，由被申请人实施暴力行为所在地的基层人民法院管辖；由被申请人居住地的人民法院审判更为适宜的，可以由被申请人居住地的基层人民法院管辖。

典型案例

荣某被强制医疗案[1]

裁判要旨：适用强制医疗，并不要求一定有致人死亡、重伤的后果，但如果行为人只是偶尔实施轻微暴力行为，依法不可能构成犯罪，则不属于严重危害公民人身安全的情形，不应适用强制医疗。在认定被申请人的行为是否达到犯罪的程度时，既不能简单以是否达到重伤、死亡后果进行判断，也不能简单认为凡是仅造成轻微伤后果的都属于没有达到犯罪程度，而应当从一个正常具备刑事责任能力的人实施相应的行为是否应当承担刑事责任的层面进行分析、判断。被申请人必须是经法定程序鉴定依法不负刑事责任的精神病人。对鉴定意见，不能盲目相信，特别是对司法实践中出现的补充鉴定或者重新鉴定的问题，法官应当明确法院是争议的最终裁决者，拥有对鉴定意见的证明价值进行审查判断的最终权力，应当在对鉴定意见是否科学、客观进行审查后，结合全案证据综合评估鉴定意见的证明价值，作出是否采纳的决定。

徐某富强制医疗案[2]

裁判要点：审理强制医疗案件，对被申请人或者被告人是否"有继续危害社会可能"，应当综合被申请人或者被告人所患精神病的种类、症状，案件审理时其病

---

[1] 参见《刑事审判参考》总第93集第888号案例。
[2] 参见最高人民法院指导案例63号。

情是否已经好转,以及其家属或者监护人有无严加看管和自行送医治疗的意愿和能力等情况予以判定。必要时,可以委托相关机构或者专家进行评估。

> ◆ **第三百零三条　强制医疗决定程序**
>
> 　　根据本章规定对精神病人强制医疗的,由人民法院决定。
> 　　公安机关发现精神病人符合强制医疗条件的,应当写出强制医疗意见书,移送人民检察院。对于公安机关移送的或者在审查起诉过程中发现的精神病人符合强制医疗条件的,人民检察院应当向人民法院提出强制医疗的申请。人民法院在审理案件过程中发现被告人符合强制医疗条件的,可以作出强制医疗的决定。
> 　　对实施暴力行为的精神病人,在人民法院决定强制医疗前,公安机关可以采取临时的保护性约束措施。

实用问答

对人民检察院提出的强制医疗申请,人民法院应当审查哪些内容?

答: 根据《最高人民法院关于适用〈中华人民共和国刑事诉讼法〉的解释》第632条的规定,对人民检察院提出的强制医疗申请,人民法院应当审查以下内容:(1) 是否属于该院管辖;(2) 是否写明被申请人的身份,实施暴力行为的时间、地点、手段、所造成的损害等情况,并附证据材料;(3) 是否附有法医精神病鉴定意见和其他证明被申请人属于依法不负刑事责任的精神病人的证据材料;(4) 是否列明被申请人的法定代理人的姓名、住址、联系方式;(5) 需要审查的其他事项。

◆ **第三百零四条　强制医疗案件审理程序**

人民法院受理强制医疗的申请后，应当组成合议庭进行审理。

人民法院审理强制医疗案件，应当通知<u>被申请人或者被告人的法定代理人</u>到场。被申请人或者被告人没有委托诉讼代理人的，人民法院应当通知法律援助机构指派律师为其<u>提供法律帮助</u>。

实用问答

人民检察院发现人民法院强制医疗案件审理活动具有哪些情形时，应当提出纠正意见？

答：根据《人民检察院刑事诉讼规则》第545条的规定，人民检察院发现人民法院强制医疗案件审理活动具有下列情形之一的，应当提出纠正意见：（1）未通知被申请人或者被告人的法定代理人到场的；（2）被申请人或者被告人没有委托诉讼代理人，未通知法律援助机构指派律师为其提供法律帮助的；（3）未组成合议庭或者合议庭组成人员不合法的；（4）未经被申请人、被告人的法定代理人请求直接作出不开庭审理决定的；（5）未会见被申请人的；（6）被申请人、被告人要求出庭且具备出庭条件，未准许其出庭的；（7）违反法定审理期限的；（8）收到人民检察院对强制医疗决定不当的书面纠正意见后，未另行组成合议庭审理或者未在1个月以内作出复议决定的；（9）人民法院作出的强制医疗决定或者驳回强制医疗申请决定不当的；（10）其他违反法律规定的情形。

> **典型案例**

高某球被强制医疗案①

裁判要旨：《刑事诉讼法》及司法解释要求审理申请强制医疗案件必须依法组成合议庭，但对合议庭成员的组成没有明确规定。人民法院审理此类案件，应当结合具体案情决定是否需要由具有相关专业背景的人员组成合议庭。具备条件的法院，可以安排一至两名具有相关专业知识的人员作为合议庭成员参与案件审理。合议庭在审理案件过程中会见被申请人，可以更加有利于直观地了解被申请人的精神状况，对最终形成更加准确的内心确信具有重要意义。有必要在司法实践中规范会见的程序、方式与方法。有必要将会见材料作为证据当庭出示的，应当将上述材料提交法庭进行质证。

◆ **第三百零五条　强制医疗案件审理期限及救济方式**

人民法院经审理，对于被申请人或者被告人符合强制医疗条件的，应当在一个月以内作出强制医疗的决定。

被决定强制医疗的人、被害人及其法定代理人、近亲属对强制医疗决定不服的，可以向上一级人民法院申请复议。

◆ **第三百零六条　定期诊断评估制度及强制医疗措施解除**

强制医疗机构应当定期对被强制医疗的人进行诊断评估。对于已不具有人身危险性，不需要继续强制医疗的，应当及时

---

① 参见《刑事审判参考》总第93集第889号案例。

提出解除意见，报决定强制医疗的人民法院批准。

被强制医疗的人及其近亲属有权申请解除强制医疗。

◆ **第三百零七条　强制医疗法律监督**

人民检察院对强制医疗的决定和执行实行监督。

实用问答

对人民法院作出的强制医疗决定或者驳回强制医疗申请的决定，人民检察院何时向人民法院提出纠正意见？

答：根据《人民检察院刑事诉讼规则》第547条的规定，人民检察院认为人民法院作出的强制医疗决定或者驳回强制医疗申请的决定，具有下列情形之一的，应当在收到决定书副本后20日以内向人民法院提出纠正意见：（1）据以作出决定的事实不清或者确有错误的；（2）据以作出决定的证据不确实、不充分的；（3）据以作出决定的证据依法应当予以排除的；（4）据以作出决定的主要证据之间存在矛盾的；（5）有确实、充分的证据证明应当决定强制医疗而予以驳回的，或者不应当决定强制医疗而决定强制医疗的；（6）审理过程中严重违反法定诉讼程序，可能影响公正审理和决定的。

附　　则

◆ **第三百零八条　军队保卫部门、中国海警局、监狱的侦查权**

　　军队保卫部门对军队内部发生的刑事案件行使侦查权。
　　中国海警局履行海上维权执法职责，对海上发生的刑事案件行使侦查权。
　　对罪犯在监狱内犯罪的案件由监狱进行侦查。
　　军队保卫部门、中国海警局、监狱办理刑事案件，适用本法的有关规定。

附录

相关法规索引

一、综合规定

最高人民法院、最高人民检察院、公安部等关于实施刑事诉讼法若干问题的规定（2012.12.26）

最高人民法院关于适用《中华人民共和国刑事诉讼法》的解释（2021.1.26）

人民检察院刑事诉讼规则（2019.12.30）

公安机关办理刑事案件程序规定（2020.7.20修正）

二、总则

全国人民代表大会常务委员会关于《中华人民共和国刑事诉讼法》第七十九条第三款的解释（2014.4.24）

最高人民法院、最高人民检察院、公安部、国家安全部、司法部关于办理死刑案件审查判断证据若干问题的规定（2010.6.13）

最高人民法院、最高人民检察院、公安部、国家安全部、司法部关于办理刑事案件排除非法证据若干问题的规定（2010.6.13）

最高人民法院、最高人民检察院、公安部、国家安全部、司法部关于办理刑事案件严格排除非法证据若干问题的规定（2017.6.20）

最高人民检察院、公安部关于适用刑事强制措施有关问题的规定（2000.8.28）

最高人民法院、最高人民检察院、公安部、国家安全部关于取保候审若干问题的规定（2022.9.5修订）

最高人民检察院、公安部关于依法适用逮捕措施有关问题的规定

（2001.8.6）

最高人民法院、最高人民检察院、公安部、司法部关于刑事诉讼法律援助工作的规定（2013.2.4）

人民检察院办理羁押必要性审查案件规定（试行）(2016.1.22)

人民检察院办理认罪认罚案件听取意见同步录音录像规定（2021.12.2）

三、立案、侦查和提起公诉

行政执法机关移送涉嫌犯罪案件的规定（2020.8.7修订）

最高人民检察院关于人民检察院直接受理立案侦查案件立案标准的规定（试行）(1999.9.16)

最高人民检察院关于渎职侵权犯罪案件立案标准的规定（2006.7.26）

最高人民检察院、公安部关于公安机关管辖的刑事案件立案追诉标准的规定（一）（2008.6.25）

最高人民检察院、公安部关于《公安机关管辖的刑事案件立案追诉标准的规定（一）》的补充规定（2017.4.27）

最高人民检察院、公安部关于公安机关管辖的刑事案件立案追诉标准的规定（二）（2022.4.6修订）

最高人民检察院、公安部关于公安机关管辖的刑事案件立案追诉标准的规定（三）（2012.5.16）

四、审判

最高人民法院关于处理自首和立功具体应用法律若干问题的解释（1998.4.6）

最高人民法院、最高人民检察院关于办理职务犯罪案件认定自首、立功等量刑情节若干问题的意见（2009.3.12）

最高人民法院关于处理自首和立功若干具体问题的意见（2010.12.22）

最高人民法院、最高人民检察院关于常见犯罪的量刑指导意见（试行）（2021.6.16）

最高人民法院关于常见犯罪的量刑指导意见（二）（试行）（2017.3.9）

人民检察院刑事诉讼涉案财物管理规定（2015.3.6）

人民检察院办理刑事申诉案件规定（2020.9.22）

五、执行

全国人民代表大会常务委员会关于《中华人民共和国刑事诉讼法》第二百五十四条第五款、第二百五十七条第二款的解释（2014.4.24）

最高人民法院关于死刑缓期执行限制减刑案件审理程序若干问题的规定（2011.4.25）

人民检察院办理减刑、假释案件规定（2014.8.1）

最高人民法院关于办理减刑、假释案件具体应用法律的规定（2016.11.14）

最高人民法院关于办理减刑、假释案件具体应用法律的补充规定（2019.4.24）

最高人民法院关于减刑、假释案件审理程序的规定（2014.4.23）

六、特别程序

全国人民代表大会常务委员会关于《中华人民共和国刑事诉讼法》第二百七十一条第二款的解释（2014.4.24）

人民检察院办理未成年人刑事案件的规定（2013.12.27修订）

最高人民检察院关于办理当事人达成和解的轻微刑事案件的若干意见（2011.1.29）

人民检察院强制医疗执行检察办法（试行）（2016.6.2）